HISTORIA DE LA LITERATURA ESPAÑOLA

PEDRO CORREA

HISTORIA DE LA LITERATURA ESPAÑOLA

Colección «Temas de Cultura Española»

Plaza Ciudad de Salta, 3
28043 - MADRID - (ESPAÑA)
TELFS. (1) 416 55 11 - (1) 416 53 31 - (1) 416 52 18
FAX. (1) 416 54 11

Primera edición: 1.985
Segunda edición: 1.988
Tercera edición: 1.991
Cuarta edición: 1.993

Colección «Temas de Cultura Española»
Dirigida por R. Fente y J. M. Roldán

© Pedro Correa
EDI-6, S. A.
Madrid, 1988

ISBN 84-85786-81-5

Depósito legal: M-16995-1993

Impreso en España - Printed in Spain

T. G. Peñalara. Ctra. de Villaviciosa a Pinto, km. 15,180 - Fuenlabrada (Madrid)

PROLOGO

Esta «*Historia de la Literatura Española*», breve y sencilla, tiene como misión fundamental orientar al lector en el inmenso panorama de nuestras letras. Es un punto de partida indispensable y obligado para todos aquellos que quieran iniciarse en su estudio y conocimiento. Va dirigida a un público muy amplio; al estudiante que por primera vez se acerca a esta parcela tan importante de nuestra cultura; al estudioso que necesita una orientación y guía; al hombre curioso que desea ampliar sus conocimientos y enriquecer su propia cultura; a todos los que tienen una sensibilidad especial ante el hecho literario. Profesores y alumnos que por el ancho mundo se preocupan y desean conocer una de las literaturas más ricas, hecha realidad a través de una lengua universal.

En sus cien páginas se recogen, sintéticamente, todos los períodos de nuestra historia literaria, desde la más temprana Edad Media, orígenes de la lengua, hasta las últimas creaciones, donde se hacen realidad y belleza las inquietudes del hombre español contemporáneo; se dedica atención preferente a la Edad de Oro y a la Literatura del siglo XX. No ha sido concebido este manual como catálogo de nombres y obras; no falta ninguna figura importante ni se ha olvidado ningún movimiento decisivo. Cada autor se estudia en sus características esenciales y se le sitúa dentro de un período o movimiento concreto. Aunque se hayan dividido los capítulos del manual según un criterio muy clásico, períodos de un siglo, salvo para la Edad Media, figura siempre al frente de cada uno de ellos la tendencia, movimiento cultural, sistema, que rigen las condiciones de los escritores que los integran.

El aprendizaje no quedaría completo si el lector se limitase exclusivamente a la atenta lectura del manual; debe ampliar su saber con la presencia viva de los escritores a través de sus obras concretas, así quedaría perfecto el ciclo de conocimientos literarios de una lengua o de una nación. El autor invita al lector a que compruebe directamente cuanto dice en el manual, a que mientras lo va estudiando tenga en su mano o presencia el poema, capítulo de la novela o diálogo dramático correspondientes a cada uno de los autores importantes. Si así lo hace, realizará el sueño de los clásicos de todos los tiempos: «deleitar aprovechando».

INDICE

	Páginas
Prólogo	5
Indice	7
1. Introducción	9
2. La Edad Media	10
3. Siglo XVI	21
4. Siglo XVII	35
5. Siglo XVIII	47
6. Siglo XIX	53
7. Siglo XX	67
Glosario	99

1. Introducción

España ha contribuido al engrandecimiento y riqueza cultural de Occidente con un hecho histórico, el descubrimiento y colonización de América, y otro cultural, numerosos artistas y originalidad en sus creaciones (pintura, música preclásica religiosa, escultura y literatura).

Educada por Roma, siguió todos los procesos ocurridos en Europa a lo largo de la Edad Media. Ella transmitió la cultura árabe y oriental. Se la asimiló a lo largo de ocho siglos de convivencia.

Castilla crea a España a través de su lengua. El realismo, nacido entre las gentes castellanas, es una constante de nuestra literatura.

Recibe la influencia de Italia durante el Renacimiento. Lo acepta y lo nacionaliza. Crea el estilo barroco más universal de Occidente. Durante dos siglos nuestra literatura está a la cabeza de todas las europeas.

A partir del siglo XVIII, y a pesar de los intentos de los reyes, España se sitúa en un segundo discreto lugar. Primero será la influencia francesa. Más tarde, la alemana e inglesa.

Un nuevo renacimiento de nuestras letras se produce a finales del siglo XIX. Se habla de una nueva edad de oro o, al menos, de plata. Hoy se vive un momento de esplendor y se está en estrecho contacto con todas las innovaciones que se producen en el mundo.

Hemos dado a Occidente tres símbolos universales: la Celestina, don Quijote y don Juan. Con Cervantes nace la novela moderna. Góngora está considerado como el mejor autor de sonetos de toda la literatura europea.

Nuestra cultura literaria es, por su variedad, riqueza y cantidad, digna de estudio. La lectura de sus clásicos contribuye a sentirnos más unidos con el resto de la humanidad.

2. La Edad Media

La Edad Media (siglos XII-XIV)

Sus manifestaciones literarias son tres: poesía lírica tradicional, anónima y cantada por el pueblo; poesía narrativa, popular y culta; prosa (narrativa, histórica y científica). El teatro ha desaparecido casi por completo.

Conviene no olvidar que en la España medieval han convivido cinco grandes literaturas: castellana, galaico-portuguesa y catalana en los reinos cristianos; hispano-árabe e hispano-hebrea en el dominio musulmán.

Poesía lírica tradicional

De origen románico e influencia árabe, se puede reconstruir con los Cancioneros galaico-portugueses de los siglos XIII y XIV y los escasos ejemplos recogidos por autores tardíos, como Juan Ruiz, arcipreste de Hita, y poetas de los siglos XV, XVI y XVII. Los juglares* se encargaban de difundir estas creaciones, que eran gustadas por las gentes del pueblo y las mujeres.

Sus temas son muy variados: si cantaban al amor, el poema se llama *villancico; cantares de trilla y siega,* a las faenas del campo; de *verbena, trébol* y *maya,* en determinadas fiestas ligadas a la noche de San Juan o al mes de mayo; *serranas y serranillas,* si eran de tema pastoril.

Las estrofas son mínimas*, de cuatro o seis versos, y cada verso solía tener entre cinco y ocho sílabas:

A coger el trébol, damas,
la mañana de San Juan,
a coger el trébol, damas,
que después no habrá lugar.

(Cantar de trébol)

La media noche es pasada
y no viene;
¡sabed si hay otra amada
que lo detiene!

(Villancico)

El escritor que más cariño sintió por estos poemillas fue Lope de Vega (siglos XVI-XVII).

Poesía narrativa

La popular se manifiesta en los *cantares de gesta,* grandes poemas de fondo histórico, inspirados en la vida de un héroe. Los españoles ensalzan el espíritu de Castilla. Conservamos uno casi entero, *Cantar de Mío Cid;* otro reconstruido, los *Infantes de Lara;* cien versos de otro, *Roncesvalles.*

juglar: poeta y cantor que va por pueblos y castillos.
mínimas: de pocos versos.

Poema del Cid. Página con rima interna.

Sus características son las siguientes:

1) Versos irregulares y asonantes.
2) Realismo y verosimilitud*.
3) Predominio de los rasgos históricos sobre los fantásticos.
4) Espíritu cristiano y feudal.
5) Cierta sobriedad* hace que su lengua sea sencilla y precisa.

La edad de oro de las gestas fueron los siglos XII y primera mitad del XIII. Cada cantar es obra de un autor y en algún caso de dos, como ocurre con el *Mío Cid,* y se recita por los juglares en los castillos, mercados y plazas públicas. De un mismo cantar puede haber más de una versión; el paso del tiempo exige que las gestas antiguas se acomoden a nuevas épocas.

Nuestros cantares de gesta fueron incorporados por el rey Alfonso X a su *Crónica General,* y más tarde, los fragmentos* más hermosos se transformaron en *romances.*

Mientras el pueblo oye los cantares, los clérigos* comienzan a poner en verso obras latinas. Se dirigen a un público más selecto. La escuela narrativa culta recibe el nombre de «mester de clerecía». Se da a conocer con dos novelas de aventuras, *Libro de Apolonio* y *Libro de Alejandro.* De esta misma

---

verosimilitud: lo que puede ser verdad.
sobriedad: sin exceso, sin exageración.
fragmentos: partes de una obra.
clérigos: hombres cultos, normalmente religiosos, al servicio de la Iglesia.

Juglares
(*Cantigas* de Alfonso X).

época es el primer poeta conocido, Gonzalo de Berceo, autor de numerosas obras religiosas. Su mejor cancionero es *Milagros de Nuestra Señora*.

Los poetas de esta escuela se caracterizan por:

1) Utilizar una estrofa fija (cuaderna vía), un verso único (alejandrino) y rima consonante.
2) Temas clásicos, aventureros y religiosos.
3) Lenguaje rico y expresivo.
4) Intención de estilo.
5) Descripciones maravillosas (armas, joyas, caballos, palacios...).
6) Gusto por lo lejano y exótico*.

La síntesis de la juglaría y la clerecía la realiza el poeta más importante de nuestra Edad Media, Juan Ruiz, arcipreste de Hita, autor de obra única, *Libro de buen amor*.

exótico: extranjero, extraño.

A través de una autobiografía poética, el arcipreste va añadiendo a su libro grandes episodios narrativos y poemas populares llenos de gracia, vigor y fantasía. El crea una figura literaria inolvidable, la Trotaconventos, origen de la Celestina.

El libro contiene fábulas* traducidas y originales, poemas didácticos y morales, narraciones extensas versificadas como las de *don Carnal y doña Cuaresma, don Amor y doña Endrina.* Lo mismo canta a la Virgen que a las serranas.

Siguiendo el espíritu de la época, encontramos actitudes antifeministas y anticlericales. Reflejo fiel de los ideales burgueses de la primera mitad del siglo XIV. Retrata el arcipreste una sociedad mudéjar*, en la que se cruzan elementos orientales y occidentales, visibles en la ciudad de Toledo.

La prosa

Más tardía que la poesía, aparece en el reinado de Alfonso X el Sabio. A él y a su equipo* de colaboradores debemos el nacimiento de la novela en

fábulas: cuentos cuyos personajes son animales.
mudéjar: árabe que vive en la España cristiana.
equipo: conjunto de personas.

Juan Manuel
en el retablo de Santa Lucía.

forma de cuento, de la prosa jurídica* con *Las Partidas,* la histórica y la científica.

Su labor fue continuada por don Juan Manuel (siglo XIV) y el canciller Pedro Lope de Ayala. El primero será autor de una espléndida colección de cuentos, *Libro de Patronio o del Conde Lucanor,* escritos con elegancia y maestría, superando todo cuanto se había hecho hasta su tiempo.

El Canciller será consumado* maestro del retrato en sus *Crónicas;* a finales de siglo nace la mejor novela de caballería hispana, *Amadís de Gaula,* que alcanzará su forma definitiva en el siglo siguiente, en la refundición de Garci Rodríguez de Montalvo.

Una época de transición: siglo XV

Desde el punto de vista cronológico, el siglo XV pertenece a la Edad Media, pero hay razones sociales, culturales y políticas para considerarlo siglo de transición al Humanismo y Renacimiento.

Las razones sociales se fundan en la aparición de dos tipos bien definidos, el burgués mercantil* y ciudadano, aficionado al lujo y la vida cómoda, amante de las letras, sobre todo la novela y la sátira. El cortesano, antiguo señor feudal, que vive en la corte, junto al rey o luchando contra él. También aficionado a la poesía y poeta él mismo.

Las razones culturales son las siguientes: *a)* gusto por la poesía trovadoresca* recogida en los Cancioneros *(Cancionero de Baena); b)* importancia progresiva de la novela de influencia italiana; *c)* aparición de grandes individualidades; *d)* búsqueda de formas nuevas; *e)* divulgación del *Romancero; f)* petrarquismo* y prehumanismo.

Entre las razones políticas, mayor poder del rey con debilitamiento de la aristocracia; esto da lugar a la aparición del estado nuevo representado por los Reyes Católicos.

Las individualidades

Están representadas por Juan de Mena, Iñigo Lope de Mendoza, Marqués de Santillana, y Jorge Manrique.

Juan de Mena (1411-1456), cordobés de nacimiento, es el primer poeta castellano formado en Italia. Llegó a ser el poeta más universal del siglo XV, por su condición de humanista y escritor culto. El conocimiento de los clásicos y de los italianos se observa en su poema narrativo *El Laberinto de Fortuna,* obra alegórica* barroca, de sintaxis latinizante, abundante en cultismos y neologismos, de muy variada retórica (hipérbaton, metáforas, imágenes, símbolos...). Da mucha importancia a la mitología.

El Marqués de Santillana (Carrión de los Condes, 1398-1458) fue poeta más variado. Gustó de lo culto y lo popular. Sintió admiración por la cultura italiana (Dante y Petrarca), adaptó el soneto y se muestra buen conocedor de la poesía francesa y la trovadoresca. Llegó a disponer de una selecta biblioteca.

jurídica: relativa al derecho.
consumado: perfecto.
mercantil: dedicado al comercio.
trovadoresca: escuela poética del sur de Francia.
petrarquismo: del poeta italiano Petrarca.
alegórica: personajes representados por símbolos.

Portada de las *Trescientas*, de Juan de Mena.

Aparte de su condición de escritor, Santillana fue político; participó activamente en las guerras civiles y feudales de su tiempo. Tuvo una vida apasionada de intrigas, luchas y exilios.

Su obra alegórica mayor es la *Comedieta de Ponza*, de tema naval, llena de alusiones* mitológicas al margen de nuestra sensibilidad. Su fama vive en las *Serranillas*, delicadas composiciones donde la naturaleza y el amor se unen hasta conseguir una escena pastoril llena de elegancia y frescura.

El soldado poeta Jorge Manrique (1440-1479), autor de un *Cancionero*, debe su fama a una elegía* inmortal, *Coplas por la muerte de su padre*, escrita en recuerdo de las virtudes de don Rodrigo Manrique. Las coplas, llenas de sentimiento, compendian en una forma perfecta la estrofa manriqueña, los temas tan queridos de los medievales: brevedad de la vida, paso del tiempo, vida póstuma de la fama.

El tema horaciano* del «carpe diem», el medieval y cristiano del «ubi sunt», el símbolo de la «rosa» y la evocación de los hombres famosos por sus

---

alusiones: citas.
elegía: poema de muerte, tristeza o dolor.
horaciano: del poeta latino Horacio.

Jorge Manrique.

hazañas y que muertos caen en el olvido, representan en las coplas un momento de serenidad y resignado* espíritu cristiano:

<pre>
Recuerde el alma dormida   Nuestras vidas son los ríos
avive el seso y despierte   que van a dar en la mar
   contemplando   que es el morir:
cómo se pasa la vida   allí van los señoríos
cómo se viene la muerte   derechos a se acabar
   tan callando   y consumir;
cuán presto se va el placer,   allí los ríos caudales
cómo después de acordado,   allí los otros, medianos
   da dolor;   y más chicos;
cómo a nuestro parecer   allegados son iguales
cualquiera tiempo pasado   los que viven por sus manos
   fue mejor.   y los ricos.
          (estrofa 1)   (estrofa 3)
</pre>

El Romancero

El romance es originariamente un fragmento desprendido de un cantar de gesta y recitado ante el pueblo como una obra autónoma. Es, por tanto, una tirada de versos asonantados en las sílabas pares y de ocho sílabas cada verso.

resignado: entregado a la voluntad de...

Sus difusores fueron los juglares. Los romances más antiguos se llaman *tradicionales*, por derivar de las gestas y tener un fondo histórico (romances del Cid, de los Infantes de Lara, de Bernardo del Carpio...). Domina en ellos por su brevedad una poderosa intensidad poética.

Ante el éxito de estos romances, los juglares construyeron otros más extensos y de temática variada. Son los *juglarescos*, más lentos pero mejor elaborados*. Su clasificación queda establecida de la siguiente manera:

1) *Históricos*, formados por los tradicionales y los de tema *clásico*.
2) *Franceses*, inspirados en la figura de Carlomagno (romances *carolingios*) y en las figuras del rey Artús, Lanzarote y Tristán (romances *bretones*).
3) *Novelescos* (de libre invención), muy sentimentales y con predominio del tema amoroso, como el misterioso de *El Conde Arnaldos*.
4) *Líricos*, muy breves y también de temática amorosa. Son los más delicados y originales.
5) *Fronterizos*, los que tienen por tema la guerra de Granada.

elaborados: trabajados, bien hechos.

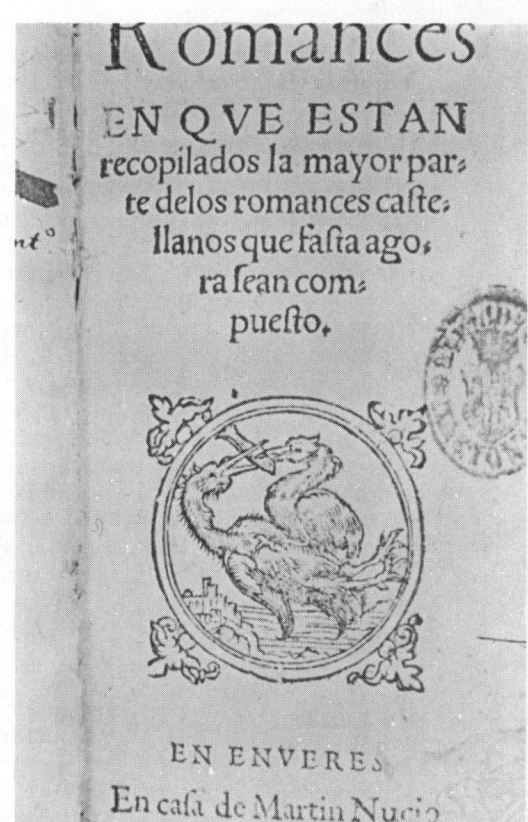

Romancero de Amberes.

Hay otros de menor interés, como los *noticiosos,* sobre hechos acaecidos a los reyes contemporáneos, o los *moriscos*.*

Todo este conjunto adquiere un especial desarrollo a lo largo del siglo XV. Constituye el *Romancero viejo,* que con la aparición de la imprenta iba a alcanzar una difusión prodigiosa.

Estos romances se caracterizan por ser épico-líricos, sentimentales, llenos de fuerza y vigor, estado fragmentario y vivir en variantes. De algún romance como el tan conocido de *Gerineldo* hay varios centenares de versiones.

El Romancero adquiere gran importancia a partir de la edición de Amberes (¿1547?) y se enriquece con la aparición del *Romancero nuevo,* constituido por romances más *eruditos* y *artísticos,* muchos de ellos de autor conocido.

El romance vivió y vive en todo el mundo hispánico (América y judíos sefarditas*); como forma métrica pasó al teatro nacional, y en todas las épocas ha sido un género muy cultivado. Poetas como Lope de Vega, Góngora, Duque de Rivas, Unamuno, Machado, García Lorca, y americanos como Lugones, Nervo, Ibarbourou, han encontrado en su tradicionalidad y sencillez la forma idónea para expresar su pensamiento poético.

La novela

Durante los siglos medievales predominó el cuento de origen medieval, y aunque a finales del siglo XIII aparecen relatos extensos *(Gran conquista de Ultramar),* la novela no alcanzará la difusión que se merece hasta que no lleguen las formas narrativas italianas (influencia del Boccaccio).

Serán los cortesanos, damas y caballeros quienes se apasionen con la lectura de las novelas sentimentales. La obra maestra del género, *La cárcel de amor* (1492), de Diego de San Pedro, será el modelo, y su influencia se percibirá hasta bien entrado el siglo XVI.

La novela sentimental es de tema amoroso, con desenlace trágico, plagada* de alegorías y escrita en una lengua llena de cultismos y complejas estructuras sintácticas. La anteriormente citada presenta la originalidad de estar escrita en forma de cartas cruzadas entre los protagonistas. La imprenta contribuyó al éxito de esta variante narrativa.

También gustaron los cortesanos de la novela o libros de caballería. En ellos veían el ideal amoroso y aventurero que constituía sus sueños. Historias muy lejanas se prosifican* y adquieren especial importancia. Infinidad de lectores se entusiasmaron con las hazañas y amores de *Don Tristán de Leonís,* o *La historia de los nobles caballeros Oliveros de Castilla y Artus Dalgarbe.*

La obra cumbre de este género es *Amadís de Gaula,* padre de infinidad de generaciones que llenarán la mente de la sociedad española del siglo XVI de ilusiones, fantasías y quimeras*.

moriscos: moros del reino de Granada.
sefardita: de origen español.
plagada: llena.
prosificar: poner en prosa.
quimeras: lo que no existe.

Las formas nuevas

Nuestro teatro medieval es el gran desconocido. Sabemos que vivió un desarrollo similar al de la Europa occidental, pero sus muestras han desaparecido. Los primeros ejemplos importantes los tenemos muy a finales del presente siglo y comienzos del siguiente.

Dos autores, nacidos en Salamanca, serán sus representantes. Lucas Fernández (1474-1542) continuará la tradición medieval de los «autos» en su dramático *Auto de la Pasión,* y Juan del Encina (1469-1529) unirá lo medieval con lo renacentista en sus «églogas» o seguirá la tradición del teatro escolar en sus «autos». El nuevo espíritu humanista aparece en las églogas de *Cristino y Febea* y, sobre todo, *Plácida y Victoriano.*

Una forma nueva, la tragicomedia, nacida del teatro, servirá de molde* para la obra cumbre de nuestra literatura medieval, *La Celestina,* del bachiller Fernando de Rojas.

La *Comedia de Calisto y Melibea* aparece en 1499, pero no alcanza su redacción definitiva hasta la edición sevillana de 1502. Tiene 21 actos, un prólogo y unos versos donde consta el nombre del autor. A partir de 1519 se le llamará con su nombre definitivo, *La Celestina.* F. de Rojas no es el autor del acto primero; se lo encontró en la Universidad de Salamanca, donde estudiaba leyes, y lo adaptó a su concepción de la sociedad y la vida para fundirlo* con los 20 restantes. A pesar de haberse llamado «comedia» y «tragicomedia» no es representable, si bien tiene muchos puntos de contacto con el teatro.

Es una obra dialogada, que cuenta los amores trágicos de Calisto y Melibea, amores facilitados con la intervención de la vieja Celestina. Su argumento es el siguiente:

Calisto, joven de noble condición, entra en el jardín de Melibea persiguiendo un halcón de caza. Se enamora de ella, pero la muchacha lo rechaza. Calisto confía su problema a Pármeno y Sempronio, criados, los cuales le ponen en contacto con la Celestina. Esta consigue ablandar* el corazón de Melibea y Calisto logra entrevistarse con su amada. La pasión del dinero causa la muerte violenta de la vieja y de los criados. Una noche, Calisto, que está junto a Melibea en el jardín, oye ruido en la calle, huye precipitadamente, y al subir por la escala* da un traspiés* y se mata. Melibea termina suicidándose en presencia de su padre.

Sigue siendo un misterio la imposibilidad de esos amores. Unos piensan que Calisto es cristiano viejo, y Melibea, hija de judíos conversos; otros, que el amor sólo es posible en el matrimonio y lo que esta obra relata es una desenfrenada pasión de lejano origen trovadoresco.

El interés de la tragicomedia radica en los personajes. Calisto y Melibea son la historia de una inmadurez; ella, entregada a una loca pasión amorosa; él, al juego de sus criados, intrigantes y avariciosos*. Por encima de todos ellos destaca la figura de la Celestina, mujer desaprensiva, astuta y engañadora. Se sirve de su experiencia y de la magia para conseguir cualquier propósito.

molde: modelo.
fundirlo: unirlo.
ablandar: enternecer, poner blando.
escala: escalera hecha de cuerdas.
traspiés: tropezón.
avariciosos: muy aficionados al dinero.

Un capítulo importante lo constituye la lengua: popular, en boca de los criados y de Celestina; culta, en labios de Calisto y Melibea. Es, en suma, obra puente entre lo medieval y lo humanista.

CUESTIONES

1. ¿Qué manifestaciones literarias vivieron en nuestra Edad Media? ¿Cómo se llaman?
2. ¿Cuántas culturas literarias hubo?
3. ¿Qué nombre recibía el poema amoroso? ¿Cuál es el tema de la serranilla?
4. ¿Cuál es nuestro más famoso cantar de gesta?
5. ¿Qué nacieron de los fragmentos más hermosos de los cantares de gesta?
6. ¿Cómo se llama la poesía narrativa de los clérigos?
7. ¿Recuerdas los nombres de dos poetas que pertenezcan a dicha escuela?
8. ¿Quién es el autor del *Libro de buen amor*?
9. ¿Qué ideales describe el Arcipreste de Hita? ¿Qué sociedad retrata? ¿En qué ciudad pudo verla?
10. ¿Qué razones culturales hacen cambiar el gusto literario en el siglo XV?
11. ¿Cuál es el poema narrativo más famoso del siglo XV? ¿Quién es su autor?
12. ¿Recuerdas los temas de las *Coplas* de Jorge Manrique?
13. ¿Qué es un romance? ¿Cuántas sílabas tiene cada verso?
14. ¿Qué diferencias hay entre romances tradicionales, juglarescos, noticiosos y artísticos?
15. ¿Qué género literario aceptó el verso romance?
16. ¿Cómo se llama la obra literaria más importante de nuestra Edad Media? ¿Recuerdas el nombre de sus tres personajes más destacados?
17. ¿Cómo está descrita la vieja Celestina?

3. Siglo XVI

El siglo XVI: Humanismo y Renacimiento

El conocimiento y comprensión de las obras clásicas, latinas y griegas, se denomina *Humanismo*. Tuvo su origen en Italia, donde por primera vez se valoraron los estudios que sobre el hombre habían hecho los autores de la antigüedad.

Al mismo tiempo, el Humanismo llevó aparejado* el conocimiento en profundidad de las lenguas en las cuales se había manifestado dicha cultura.

El Humanismo penetra en España en el siglo XV y por diversos caminos: estudiosos españoles que marchan a Universidades italianas, humanistas italianos que se establecen en España, creación de cátedras de lenguas clásicas, traducciones de obras greco-latinas o de humanistas italianos. Todo esto se produce en la España de los Reyes Católicos.

Cuando el Cardenal Cisneros establece la Universidad de Alcalá de Henares puede afirmarse que el Renacimiento ha triunfado en España. Consecuencia del Humanismo es la creación por A. de Nebrija de la primera *Gramática* de una lengua moderna, la difusión de la imprenta y la implantación* de la filosofía platónica.

El Renacimiento es la culminación de los ideales humanistas no sólo en personas individuales, sino en la conciencia de los pueblos.

Nuestro Renacimiento, parecido al que encontramos en otras culturas europeas, tiene las siguientes características:

1) Separación entre lo natural y sobrenatural. Valoración del hombre en todos sus aspectos. Es importante la dimensión religiosa de la persona. No se produce la Reforma a la manera protestante, pero se vive una inquietud religiosa manifestada en minorías, grupos eclesiásticos y cortesanos. La influencia de Erasmo es muy grande. Esta época inicial prepara la Contrarreforma y el Concilio de Trento.
2) Continúan determinadas corrientes culturales medievales. Por lo que respecta a la literatura, viven los *Cancioneros,* adquiere una difusión enorme el *Romancero,* continúa la novela sentimental, el teatro religioso, se conoce el auge* de los *Libros de Caballerías.*
3) Afán aventurero y deseo de salir fuera de las fronteras. El español se internacionaliza. Recorre España y se proyecta* en la recién descubierta América.
4) Crisis sociales manifestadas en el ascenso de una clase, los cristianos nuevos*, potenciación de la burguesía, aparición de una aristocracia basada en la sangre o poder del dinero, también en la cultura.

aparejado: junto a él, unido.
implantación: lo que se impone o triunfa.
auge: momento de esplendor.
proyecta: se dirige.
cristianos nuevos: judíos convertidos al cristianismo.

Antonio de Nebrija.

Los cambios se producen a lo largo del reinado de Carlos V. Es en la primera mitad del siglo cuando triunfan estos ideales, encarnados en la figura del Emperador.

En la segunda mitad del siglo, reinado de Felipe II, el Renacimiento se nacionaliza. El español mira hacia adentro y se separa del resto de Europa. La influencia de la Iglesia es decisiva, bien a través del Tribunal de la Inquisición, bien por su enorme poder económico y cultural.

A lo largo de las décadas que dura el primer Renacimiento (1510-1550), se potencia la prosa doctrinal erasmista, se diversifica la narrativa y aparece una forma nueva, la picaresca; triunfa la poesía italianizante y la ascética adquiere cada vez mayor importancia.

Durante el reinado de Felipe II (segunda mitad del siglo) la poesía se separa en dos escuelas, una apunta al barroco (sevillana), otra profundiza en lo castellano (salmantina).

Se vive la edad de oro de la ascética y de la mística. Aparecen nuevas formas teatrales. La historia adquiere gran importancia, sobre todo con la conquista de América. A finales de siglo comienza a publicar Cervantes. Su pensamiento supone la última manera renacentista de ver y enfocar* la vida.

Un movimiento que influye a lo largo de todo el siglo es el *petrarquismo*. No sólo informa la poesía amorosa, sino que el pensamiento y la concepción humanistas de la vida tienen mucho que ver con las obras del italiano Francesco Petrarca. Su interpretación de los clásicos sirvió de modelo a las generaciones posteriores. Su amor a la libertad y su patriotismo también dejaron huella en las mentes* más privilegiadas. Muy pocos poetas escaparon a su influencia.

El conjunto de los siglos XVI y XVII se conoce con el nombre de edad de oro porque en ellos España proyectó su influencia sobre el mundo. Junto al poder militar y político, la originalidad de su cultura (literaria, crítica y erudita, artística). Posiblemente sea la única época de nuestra historia en la cual las innovaciones de los españoles se adelantaron a las del resto de los europeos, quizá con la excepción de Italia.

Un español, humanista, es el filósofo y pensador más original de la época. El valenciano Luis Vives, educador de príncipes, se adelanta a muchos postulados filosóficos modernos.

La poesía del Renacimiento

Es de origen italiano. Su iniciador fue el poeta catalán Juan Boscán. Todo nació a causa de una conversación que Boscán tuvo con el embajador de Venecia.

Pero el barcelonés, de lengua catalana, no acierta con los ritmos y medidas de los versos italianos (endecasílabo) y comunica a su amigo Garcilaso de la Vega (1501-1536) los intentos de aclimatación*. Este, dotado de un buen oído musical, consigue plenamente lo que Boscán trataba de lograr.

El renacimiento literario comienza en España con la poesía de Garcilaso, poeta y soldado del Imperio. Su obra es breve, pero perfecta. No sólo triunfa en la forma, sino que también capta* el espíritu y el contenido.

Sus obras más relevantes son las *Eglogas* (primera, segunda y tercera); en la primera, escrita en silvas*, canta su amor platónico por Isabel Freire; lo hace a la manera de Petrarca. Hay en la égloga una perfecta armonía entre forma y fondo.

En la segunda, aclimata el terceto, une lo pastoril con lo heroico. En la tercera, la más perfecta, escrita en octavas, se llega a la compresión plena de la naturaleza y de los mitos.

Es autor de dos *Elegías* y un apreciable conjunto de *Sonetos*. Completan su producción una *Epístola* dedicada a Boscán y cinco *Canciones* de variada temática y diversas formas.

Garcilaso es el creador de un nuevo castellano poético. El adjetivo adquiere en él una intensidad lírica desconocida. Las notas de color nos introducen en un mundo pictórico nuevo. El sentimiento amoroso, imitación de Petrarca, lleno de melancolía, significa una expresión de la intimidad inusual* entre nosotros.

enfocar: descubrir y comprender.
mente: pensamiento o cabeza que piensa.
aclimatación: nacionalización.
capta: coge, asimila.
silva: estrofa formada por versos de siete y once sílabas.
inusual: poco corriente, poco usual.

La naturaleza adquiere resonancias y matices que son muy extraños porque suponen una comunicación perfecta entre los sentimientos del poeta y el paisaje.

Las innovaciones de Garcilaso no fueron aceptadas por todos los poetas españoles. Algunos, como Cristóbal de Castillejo, siguieron utilizando las formas castellanas, pero al final el limpio mundo garcilasiano se impuso y dio lugar a una espléndida floración de la poesía lírica. Prácticamente toda la poesía del siglo XVI está influida por su especial manera de hacer. Es el maestro de las escuelas sevillana y salmantina.

Fernando de Herrera (1534-1597), conocido con el sobrenombre de «el divino», fue el maestro de la escuela sevillana. Extraordinario conocedor de las

Fernando de Herrera.

lenguas clásicas y estudioso de la Biblia, conduce la poesía garcilasiana hacia el barroco.

Como poeta, se inclina por la forma. Trata de enriquecerla por medio de los cultismos*, metáforas, símbolos, sintaxis latinizante. Su estilo retórico no satisface los gustos actuales, pero en su tiempo fue el escritor más famoso y admirado por las gentes cultas de su Sevilla natal.

Enamorado de Leonor de Milán, la cantó en coloristas sonetos; la influencia de Petrarca es evidente. Menos metafísico que el italiano, se inclina hacia la melancolía y la nostalgia*.

cultimos: palabras tomadas de la lengua latina.
nostalgia: tristeza, sentimiento.

También fue poeta épico y narrativo. Sus *Canciones* se han considerado como modelos de lo que debe ser una poesía patriótica. Es en ellas donde encontramos con más fuerza el gusto por lo formal. La lengua se hace difícil, expresiva, grandilocuente. Su tono oratorio* y solemne le aparta de la sensibilidad actual.

Fue el guía de los poetas antequerano-granadinos, verdaderos precursores de la lírica barroca. Ellos trajeron una nueva musicalidad y pusieron de moda los temas mitológicos. El más importante fue Pedro de Espinosa, autor de una espléndida *Fábula del Genil*. Estos poetas representan la modalidad manierista en España.

La escuela de Salamanca gira en torno a la figura del intelectual fray Luis de León (1528-1591). Catedrático de Universidad, especialista en Filosofía, Teología y estudios bíblicos. Dominaba las culturas clásicas, la hebrea y la italiana.

Fray Luis de León.

Fue hombre de gran actividad. Sufrió un proceso* y estuvo en la cárcel de la Inquisición.

En sus años juveniles se dedicó a la poesía. La rara perfección de sus poemas le exigió una constante corrección. Parte de ellos tienen un contenido religioso; en otros, canta a la amistad, según el modelo horaciano. Dentro de su breve cancionero destacamos la *Oda a Salinas*, la *Canción a la vida solitaria* y la traducción del *Cantar de los Cantares* (dos versiones).

Una lengua sencilla, intuitiva, muy trabajada, hace de él un clásico. Aspiró a ser un místico, no llegó a conseguirlo; por eso, adivinamos una profunda melancolía que se serena a través de la sobriedad de sus versos, de la sencillez de su léxico y la comprensión de sus imágenes.

Como prosista pertenece a la corriente ascética. Nos ha dejado dos obras, *La perfecta casada* (1583), manual leído por generaciones de mujeres, y *De los*

---

oratorio: propio de un orador.
proceso: sometido a juicio.

nombres de Cristo (1575), excelente tratado cuya temática consiste en la explicación que de los diferentes nombres de Cristo aparece en la Biblia y en la tradición cristiana.

Si tuviéramos que resumir en dos palabras el estilo de fray Luis, diríamos que es natural y armonioso.

La narrativa en el siglo XVI

En sus primeros decenios, el público se entusiasma con los libros de caballerías y las novelas sentimentales. A mediados de siglo aparecen corrientes nuevas, unas procedentes de Italia, otras de origen clásico, y dos nacidas en España por diversas razones.

El tema pastoril, de raíces medievales, llega a Italia a través del conocimiento de la *Arcadia*, de Sannazaro. Su éxito fue inmediato y fulminante*. Durante treinta años alimentó la fantasía de generaciones enteras. Hasta se hicieron novelas pastoriles a lo divino. El género lo inició un portugués, Jorge de Montemayor, buen poeta tradicional, con *Los siete libros de Diana* (1559). Poesía, imaginación, bellas descripciones, diálogos, se unen para conseguir un cuadro animado* de la sociedad galante* de la época.

Una creación típicamente española es la novela morisca. Nacida probablemente de los romances de su mismo nombre. Cuenta los amores entre un caballero cristiano y una hermosa musulmana, o bien los amores de dos musulmanes hispanizados en un ambiente cristiano. La novela que sirvió de modelo, ejemplo de cortesía, valor y generosidad, fue *La historia del Abencerraje y de la hermosa Jarifa* (1551).

De origen clásico es la novela bizantina o de aventuras. En ella abundan las descripciones exóticas, lo maravilloso y fantástico. El último libro de Cervantes fue precisamente una narración de este género, *Los trabajos de Persiles y Sigismunda*.

El género narrativo más español de todos es el picaresco. Su punto de partida está en la *Vida de Lazarillo de Tormes y de sus fortunas y adversidades* (1554).

Características de la novela picaresca:

1) Autobiográfica. Escrita en primera persona.
2) Su protagonista es un niño que sirve a diferentes amos.
3) Carece de historia personal. Es una novela de aprendizaje.
4) Se desarrolla el realismo de claros antecedentes medievales (Arcipreste de Hita, *La Celestina*).
5) Visión negativa de la sociedad.
6) Actitud de denuncia ante situaciones de la época.

En realidad, Lazarillo no es un pícaro como aparecerá en el barroco. No puede estar al margen de la ley porque es menor de edad y no tiene experiencia ninguna. Sus engaños y robos son más bien raterías* y pillerías* propias de un niño. El hambre y la necesidad le empujan a engañar a sus amos.

fulminante: rápido.
animado: que tiene vida.
galante: aristócrata y selecta.
raterías: robos de poca importancia.
pillerías: travesuras de niño.

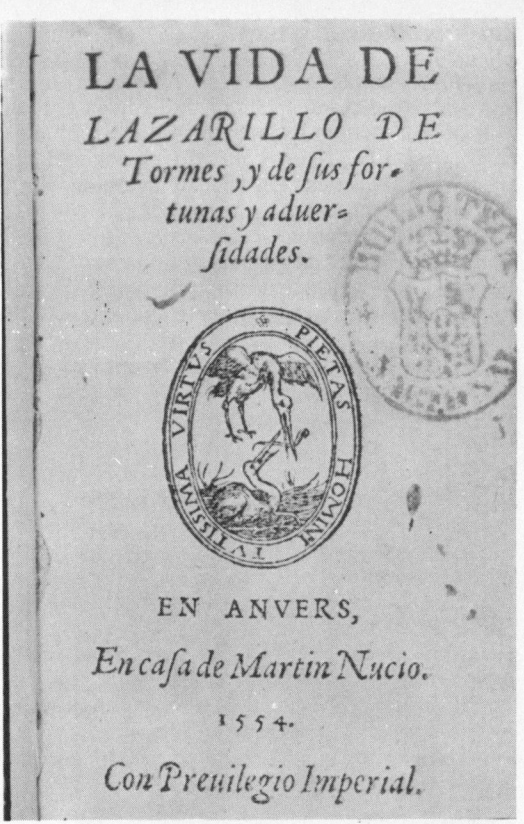

La vida de Lazarillo de Tormes. Amberes, 1554.

Este libro está constituido por una serie de episodios independientes. El puente de unión es la figura de Lázaro. Su primer amo es un ciego. El segundo, un clérigo. El tercero, un soldado (escudero e hidalgo). Y así sucesivamente. Cada episodio permite un tipo de sátira distinto y el comportamiento del niño cambia.

Al final, Lázaro se casa y establece en Toledo. El amor no tiene importancia ninguna. Se critica la avaricia, el falso sentido del honor, el engaño, la carencia de vocación. Un panorama desolador* de la sociedad española.

Por su influencia erasmista y anticlerical, la novela apareció anónima. La crítica se inclina por alguno de los Valdés, sobre todo Alfonso, pero no tenemos pruebas suficientes para afirmarlo. Debió circular entre los ambientes cortesanos a partir de 1530.

Su autor utiliza un léxico sencillo; recurre al castellano hablado y lo hace con elegancia y sobriedad.

desolador: muy triste, sin consuelo.

La ascético-mística

Por su contenido no debe figurar en una historia de la literatura, sino dentro de la tradición espiritual de la Iglesia. Pero varios de los escritores ascéticos y místicos son modelos en prosa y ejemplares en poesía.

La ascética es un continuo ejercicio de las virtudes para alcanzar la perfección. La mística consiste en la unión con Dios después de haber superado el proceso ascético.

Las vías o caminos que debe seguir el cristiano son: vía *purgativa,* abandono de la vida de pecado, importancia de la oración; vía *iluminativa,* ejercicio de virtudes, meditación y oración; vía *unitiva,* perteneciente sólo a la mística, representa el momento culminante. Esta última es un regalo exclusivo de Dios.

Tenemos muchos y buenos escritores místicos y ascéticos. Por encima de todos destacan dos: Santa Teresa de Jesús y San Juan de la Cruz. Ambos son religiosos y nacidos en Avila.

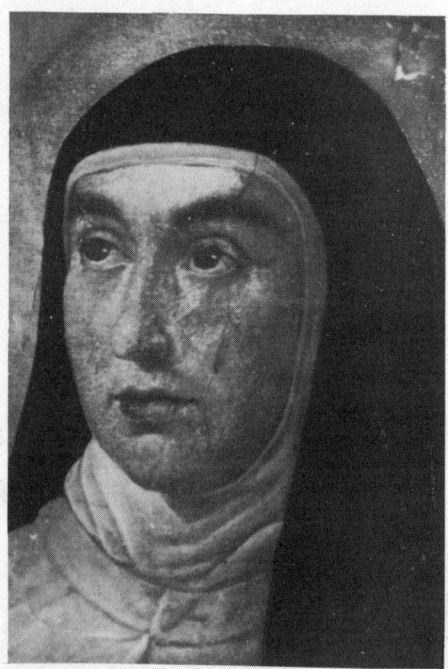

Anónimo: *Santa Teresa de Jesús* (s. XVI).

Santa Teresa (Teresa de Cepeda y Ahumada, 1515-1582) figura por la riqueza y fuerza de su lengua, coloquial* y castiza*, como ella dice, «lengua de cocina»; por la profundidad de su doctrina y la sencillez con que logra comunicar a sus lectores la intensidad de sus experiencias místicas.

coloquial: lengua hablada.
castiza: propia del pueblo.

Su obra más importante es *Castillo interior o Las Moradas* (1588), pero al lector que desconoce la doctrina se interesa más por el *Libro de su vida,* lleno de encanto y naturalidad.

San Juan de la Cruz (Juan de Yepes, 1542-1591) está considerado el poeta lírico más profundo de toda nuestra literatura. Su obra es muy breve, de gran emoción, llena de símbolos difíciles que traducen sus experiencias místicas. Se inspiró en la tradición de la escuela de Salamanca, en la poesía popular cantada y en la Biblia.

Anónimo: *San Juan de la Cruz* (s. XVII).

Destacan por su belleza *Noche oscura del alma, Cántico espiritual* y *Llama de amor viva.* La forma dialogada y pastoril es el procedimiento empleado por el poeta, influencia del *Cantar de los Cantares,* para hablar con Dios después de haber preguntado al mundo por el «amado» (Cristo).

La razón no puede explicar el misterio que estos poemas encierran, es necesaria la fe y una poderosa intuición*. El mismo autor explicó en cuatro tratados en prosa el sentido y correcta interpretación de su poesía. Es un ejemplo inigualable de lírica amorosa «a lo divino».

La corriente espiritual de la ascético-mística tiene raíces medievales. La ascética se desarrolla en los orígenes de nuestro renacimiento, pero alcanza su madurez después del Concilio de Trento.

Entre los escritores más importantes se pueden citar: fray Luis de Granada, fray Juan de los Angeles, Francisco de Osuna, Juan de Avila..., y hasta seglares, como Francisco de Quevedo, en el siglo XVII.

intuición: lo que se puede adivinar.

Durante la época de influencia erasmista hubo una tradición ascética cristiana, en parte herética*, muy importante para el desarrollo de la prosa castellana. Sus representantes más profundos fueron los hermanos Valdés (Alfonso y Juan). Autor el primero de *Diálogo de las cosas ocurridas en Roma* y *Diálogo de Mercurio y Carón*. El segundo escribió en Italia el *Diálogo de la lengua* (1535), donde se elogia* la lengua castellana escrita con sencillez y propiedad, y las *Ciento diez consideraciones divinas*.

El teatro

No alcanza el desarrollo de la prosa o la poesía. Pueden establecerse varias direcciones y tendencias. Una, continuadora de la dramática medieval, de contenido religioso o inspirada en las *Danzas de la Muerte*. *La Celestina* influyó en la potenciación de un tipo de teatro popular, que alcanzaría en la figura del portugués Gil Vicente sus registros* más variados.

El Renacimiento contribuye con las fórmulas humanistas, de origen clásico, las cuales no fueron aceptadas con facilidad. Los éxitos más importantes recayeron en las «églogas pastoriles». En la segunda mitad del siglo, las grandes ciudades se esfuerzan por poseer un lugar adecuado para las representaciones dramáticas. Son los «corrales»*. Abundan igualmente las compañías profesionales.

Dominan las piezas de carácter popular, pasos y entremeses, donde el humor y la sátira daban satisfacción al espectador. Aparece un teatro de temática nacional (contenido histórico). Se potencian las «comedias» y otras formas tradicionales o nuevas (coloquios, diálogos, farsas sacramentales). Lope de Rueda, el maestro de los pasos, y Juan de la Cueva, se adelantan al creador del teatro nacional, Lope de Vega. Cervantes logra para la comedia y el entremés el equilibrio y la perfección.

El período erasmista está dominado por la figura del dramaturgo bilingüe Gil Vicente. Su teatro es muy variado y está dotado de una gran emoción lírica. Lo culto y lo popular encontraron en el portugués fórmulas originales y profundamente poéticas. Los autos son de la primera época, así como las farsas y las comedias. Prueba de ello son los *Autos de los Reyes Magos* y *de la sibila Casandra*, las *Farsas de los físicos* y *de Inés Pereira*, la *Trilogía de las Barcas* (1516-1519).

La segunda época está constituida por las tragicomedias de tema literario. Son excelente muestra *Don Duardos* (1525) y *Amadís de Gaula* (1533), inspiradas ambas en los libros de caballerías.

Los precursores de Cervantes y Lope de Vega fueron Lope de Rueda y Juan de la Cueva, respectivamente. El primero nos ha dejado, entre otras, una variada colección de pasos editada por Juan de Timoneda en 1570.

Son piezas cortas, de sabor costumbrista, hábilmente resueltas a través de la risa y el humor. Rueda se propone exclusivamente divertir al espectador, y en verdad lo consigue en sus pasos más logrados: *La tierra de Jauja, Las aceitunas, Los criados* y *Cornudo y contento*.

herética: no católica.
elogia: se alaba.
registros: listas, formas distintas.
corrales: patios de ciertas casas empleados para representar teatro en ellos.

El sevillano Juan de la Cueva se inclinó hacia la comedia humanista o de tema nacional. Procura respetar las «reglas del arte dramático» y emplea un verso retórico y largo. Su fama se asienta en la *Comedia del infamador* (1581), que algunos consideran precursora del tipo de don Juan.

Se inspira en el Romancero y en la historia para tres obras, *Tragedia de los siete infantes de Lara*, *Tragedia de la muerte del rey don Sancho* y *Comedia del saco de Roma*, basada en un acontecimiento sucedido a principios de siglo.

Miguel de Cervantes

Este escritor genial cierra el primer período de nuestra edad de oro. Poeta, dramaturgo y novelista. Soldado y funcionario* público, nació en Alcalá de Henares (1547) y murió en Madrid (1616).

J. de Jáuregui: *Cervantes* (R.A.E.).

Sus años adolescentes y de mocedad los pasó en Valladolid, Madrid y diversas ciudades andaluzas. Vivió en Italia como familiar de un eclesiástico. Su experiencia italiana fue provechosa. En Italia aprendió el nuevo arte de la novela. Participó en la batalla naval de Lepanto y vivió un largo cautiverio en Argel. A partir de 1608 se establece definitivamente en Madrid, dedicado a su doble condición de escritor y servidor de la corona.

funcionario: persona al servicio de la Administración.

Sufrió prisión por motivos difíciles de precisar, ligados a su cargo de recaudador*; su vida es, en conjunto, un mundo lleno de luces y sombras.

Es difícil establecer una cronología inicial para las obras escritas antes de 1600. El único año seguro es el de 1585, fecha de la publicación de su primera novela, *La Galatea.* Sabemos que se dedicó al teatro e hizo abundante poesía.

Como poeta, Cervantes se mantiene en una discreta segunda fila. Parte de su creación lírica hay que buscarla en sus novelas. Tiene facilidad para el romance, acierta en los sonetos, gusta del terceto y las formas populares, pero no aporta ninguna novedad. Su poesía de corte petrarquista mira más al pasado que a las innovaciones de las escuelas prebarrocas. En 1614 publicó un extenso poema, *El viaje del Parnaso,* documento importante para conocer el panorama de nuestras letras y los gustos personales del autor.

Durante treinta años (1580-1615) abasteció* la escena de infinidad de obras. Gran parte de las cuales han desaparecido; se salvaron del naufragio* diez comedias y ocho entremeses recogidos en una colección aparecida en 1615.

Su teatro no participa de las innovaciones que a principios del siglo XVII ensayaba Lope de Vega. Cervantes mira a la tradición popular anterior y al teatro humanista. De cualquier manera, es innegable su dominio de la escena y la perfección alcanzada en los dos tipos de teatro a los que se dedicó: comedia y entremés.

De entre las comedias destaca *Pedro de Urdemalas,* nacida en un ambiente de pícaros y gente de mala vida. Alcanza gran maestría en el entremés, que significa la superación de los pasos de Lope de Rueda. La gracia y el sano humor, la sencillez de los diálogos, constituyen un indudable acierto. Piezas dignas de recuerdo son el *Retablo de las maravillas, La cueva de Salamanca, El viejo celoso, El juez de los divorcios, La guarda cuidadosa...*

Cervantes debe su éxito a la novela. Es el maestro indiscutido. Pasa a un primer plano con las *Novelas ejemplares* (1613) y se supera con *El ingenioso hidalgo don Quijote de la Mancha* (1605, primera parte; 1615, segunda). Su novela póstuma es *Los trabajos de Persiles y Sigismunda* (1616).

Cervantes trae de Italia su concepto de novela y lo supera poco a poco hasta hacerlo suyo. Las primeras novelas ejemplares tienen un espíritu idealista propio de los originales italianos, aunque se observa ya el dominio alcanzado por el escritor en la prosa, el enriquecimiento de la línea argumental, las intenciones.

Pertenecen al grupo idealista *El amante liberal, Las dos doncellas, La española inglesa, La ilustre fregona.* El éxito alcanzado por este grupo decidió al autor a buscar una mayor originalidad con el acercamiento a la realidad y nuevas formas expresivas.

Pertenecen al grupo realista *La gitanilla, El celoso extremeño, El coloquio de los perros, Rinconete y Cortadillo.* Se cierra la lista* con una novela ejemplar modelo, *El licenciado Vidriera.*

Dentro de estas novelas, unas son picarescas, otras aventureras, otras amorosas, otras costumbristas. En todas ellas, Cervantes nos da una lección, no precisamente moral, como dice, sino de buen hacer y entender.

Su obra más universal es *El Quijote,* escrita con esta intención: «no ha sido otro mi deseo que poner en aborrecimiento de los hombres las fingidas y dis-

---

recaudador: que cobra los impuestos.
abasteció: entregó, dio.
naufragio: desaparición.
lista: relación ordenada.

Don Quijote, de Cervantes. Madrid, 1605.

paratadas historias de los libros de caballerías». Para sus lectores es eso y mucho más.

Por lo pronto fue capaz de crear dos tipos universales y complementarios*, como dos personalidades o visiones de la realidad contempladas por el mismo sujeto. Unas veces somos idealistas, como don Quijote; otras, realistas y unidos a la tierra, como Sancho Panza. Son inseparables caballero y escudero.

La primera parte responde mejor a la estructura de los libros de caballerías. Abundan las aventuras, divertidas, humanas siempre, que nos apartan de la idea central de la novela. Además, intercala historias que nada tienen que ver con la línea argumental.

La segunda parte es más densa* y superior a la primera. Cervantes sabe lo que quiere hacer con sus criaturas de ficción. Abundan los diálogos profundos y los episodios son centrales. Es cuando desentrañamos* el sentido de

complementario: que el uno completa al otro.
densa: profunda, superior por su contenido.
desentrañar: sacar afuera, saber su significado oculto.

Dulcinea, lo que se propone don Quijote (lucha por un ideal a pesar de la derrota), la humanidad y sabiduría popular de Sancho.

Si importante es la novela por sus símbolos y capacidad de invención, superior es aún la riqueza léxica y la complejidad sintáctica. Cervantes es el novelista que mejor ha manejado nuestra lengua. Con él, la sencillez del lenguaje renacentista llega a una situación insuperable.

El éxito de la novela fue inmediato. Sus coetáneos* vieron en ella una obra divertida, la historia de un loco o de un hidalgo que se había vuelto loco leyendo libros de caballerías. A partir del siglo XVIII, y sobre todo en el XIX, los lectores se encontraron ante una novela cuyo protagonista es un hombre entero, luchador contra las injusticias por encima de todo. Se valoró la riqueza de su lengua y se la transformó en obra clásica.

CUESTIONES

1. ¿Qué Universidad se funda para extender la cultura del Renacimiento entre los estudiosos?
2. ¿Qué tres formas literarias medievales continuaron durante el Renacimiento?
3. ¿Qué forma literaria nueva aparece durante el primer Renacimiento?
4. ¿Cuántas escuelas poéticas aparecen en el segundo Renacimiento? ¿Cómo se llaman?
5. ¿Qué movimiento influyó poderosamente a lo largo del Renacimiento? ¿En qué cosas influye?
6. ¿Quién es el autor de las *Églogas*?
7. ¿Qué cuatro novedades aporta Garcilaso de la Vega?
8. ¿Quién es el maestro de la escuela sevillana? ¿Cómo enriqueció su lengua poética?
9. ¿Cómo llamó Fernando de Herrera a sus poemas patrióticos?
10. ¿A qué poeta latino imita fray Luis de León? ¿Recuerdas qué dos obras escribió en prosa?
11. ¿Qué dos formas narrativas interesan al público a principios del siglo XVI?
12. ¿Cómo se llaman las cuatro formas de novelas que se crearon en el siglo XVI? ¿Cuál es el género narrativo más español?
13. Enumera las características de la novela picaresca.
14. ¿Cuál es nuestra primera novela picaresca? ¿Recuerdas qué profesión tenían sus tres primeros amos?
15. ¿Con qué nombre se conocen las tres vías de la ascética-mística?
16. ¿Cuál es la obra fundamental de Santa Teresa?
17. ¿En qué libro bíblico se inspira San Juan de la Cruz?
18. ¿Por medio de qué recurso literario traduce San Juan sus experiencias místicas?
19. ¿Dónde se representaban las obras teatrales?
20. ¿Recuerdas los nombres de tres dramaturgos del siglo XVI? ¿Quién de ellos fue el autor de *Trilogía de las Barcas*?
21. ¿Qué es un «paso»? ¿Quién fue el mejor autor de pasos?
22. ¿Recuerdas el título de la primera novela de Cervantes?
23. ¿De dónde trae Cervantes la novela ejemplar? ¿Recuerdas alguna novela del grupo realista?
24. Características de la primera parte de *El Quijote*.
25. ¿Qué se propone don Quijote? ¿Cómo es Sancho Panza?

coetáneos: que viven en el mismo tiempo.

4. Siglo XVII

El siglo XVII: el barroco

El movimiento barroco es una evolución natural de la cultura renacentista del siglo anterior. Se produjo en los países que no aceptaron la Reforma protestante (Austria, Italia, España), aunque se extendió bajo nombres diversos por otras naciones europeas. Parece que está unido a la Contrarreforma o Reforma católica nacida a partir del Concilio de Trento.

El barroco es un movimiento de contrastes*. Dos serán sus características esenciales: naturalismo e ilusionismo. Ambas aparecen como respuesta a los mismos acontecimientos y, si bien son contradictorias*, en el fondo vienen a ser parecidas.

El naturalismo es el resultado final de una desilusión, la derrota de unos ideales. La novela picaresca podría servirnos de ejemplo. Una cruda* descripción de la realidad, exagerada en sus tonos sombríos.

El ilusionismo consiste en refugiarse en un mundo de belleza precisamente para huir de la triste realidad. Es una actitud ante la vida, cómoda si se quiere, pero reflejo también de la conciencia. La actitud de los culteranos o gongorinos respondería a este ideario.

En esta etapa se afianza el teatro con las innovaciones de Lope de Vega; la poesía lírica llega a su máximo esplendor; la prosa se diversifica*. Es el momento culminante de nuestra capacidad creadora.

Frente a la riqueza literaria: la miseria económica, la quiebra* del Estado, la pérdida del poder militar y político. Los reyes entregan el poder a sus ministros y comienzan a sentirse los primeros síntomas de la importancia progresiva del pueblo. El teatro se hace eco de estos problemas.

La poesía culterana: Luis de Góngora

El culteranismo es una de las manifestaciones del estilo barroco. El poeta culterano busca la perfección de la forma, por eso el plano expresivo del lenguaje constituye para él una constante lucha.

El estilo culterano tiene las siguientes características: léxico culto formado por palabras sacadas directamente de las lenguas clásicas, sobre todo del latín, abundancia de metáforas, dominio de las imágenes sensoriales, gusto por las alegorías, ruptura del orden lógico de la frase mediante el hipérbaton, contenido mínimo, carencia de anécdotas*.

contraste: oposición.
contradictorias: que se contradicen u oponen.
cruda: terrible, cruel.
diversificada: variada.
quiebra: hundimiento económico.
anécdota: pequeño argumento.

Se le llama gongorismo porque el maestro fue Luis de Góngora (1561-1627), cordobés de nacimiento, hombre de gran cultura y cortesano*. Parte de su vida la pasó en Madrid, aunque vivió en otras ciudades: Salamanca y Valladolid.

Velázquez: *Góngora*.

Comenzó siendo un poeta clásico, sencillo, unido a una escuela del siglo anterior, la *antequerano-granadina,* precursora del barroco. En su primera época gustó del romance, sobre todo de la variante *morisca,* contribuyendo a enriquecer el *Romancero Nuevo.* También hizo poemillas líricos tradicionales y populares, letrillas satíricas y burlescas llenas de gracia y encanto, maravillosos sonetos.

Hacia 1610 se produce un cambio en su estilo. Abandona la sencillez para caer en el barroco más desenfrenado*. Es la época de sus poemas mayores, parte de los romances y de los mejores sonetos. El cambio dado por Góngora a su estilo supuso el triunfo del culteranismo.

En 1613, el poeta da a conocer en los ambientes culturales de la Corte la *Fábula de Polifemo y Galatea* y la *Soledad* primera, completada años más tarde por la segunda y conocido el conjunto como las *Soledades.* Los romances más conocidos, aparte los moriscos, son los de *Angélica y Medoro* y el de *Píramo y Tisbe.*

cortesano: que vive en la corte.
desenfrenado: alocado, sin orden.

El éxito de la obra gongorina fue inmediato; no hubo poeta importante o mediocre que no se dejara influir por su estilo. Fueron muy interesantes sus polémicas* con Lope y Quevedo. Su obra llegó a América y fue aceptada en líneas generales, así que el barroco culterano abarcó dos continentes.

Ante la dificultad de su obra, fue necesario que varios críticos y eruditos la interpretasen. Su influencia se deja sentir hasta en la Iglesia. Los sermones del siglo XVII fueron barrocos. Su influjo llega hasta el siglo XVIII.

Sus discípulos fueron numerosos. Citaremos solamente a aquellos que fueron capaces de pensar y escribir por su cuenta, pero respetando sus innovaciones. Pedro Soto de Rojas y Juan de Jáuregui figuran entre los más originales.

La poesía conceptista: Francisco de Quevedo

El conceptismo es la otra vertiente del barroco. Atiende más al contenido que a la forma, aunque no descuida ésta. Su origen se encuentra en la poesía del siglo XV, basada fundamentalmente en el *concepto**, pero encontró en el mundo barroco el medio más adecuado para su triunfo.

Los conceptistas crean un léxico variado partiendo de los neologismos*, aunque pretenden decir muchas cosas con pocas palabras. También echaron mano de la retórica, si bien prefirieron las figuras de pensamiento.

El conceptismo se manifestó fundamentalmente en prosa, pero su figura más eminente, Francisco de Quevedo (1580-1645), se expresó indistintamente en prosa y verso.

Quevedo fue el hombre más complejo del mundo literario barroco. Madrileño de nacimiento, diplomático y político, cortesano siempre. Vivió años en Italia junto al duque de Osuna, virrey de Nápoles; en dos ocasiones sufrió destierro y cárcel, participó en las intrigas de la corte y tuvo como enemigo mortal al primer ministro de Felipe IV, el conde-duque de Olivares, a quien satirizó en varias ocasiones.

La mayor parte de su obra poética la recogió en un enorme cancionero, *Parnaso español* (1648), donde el lector puede encontrar los temas y formas más variados. Cultivó la poesía burlesca, como en el soneto *A una nariz;* la política, como los sonetos dedicados a su amigo el duque de Osuna y la carta dirigida al rey contra su primer ministro; la moral y filosófica; la amorosa, unida casi siempre al tema de la muerte, como en el soneto *Amor constante más allá de la muerte;* la religiosa, y hasta poemas narrativos escritos en lengua jergal*, las *jácaras*.

Su obra cumbre, escrita en prosa, es los *Sueños,* visión alucinante* de la sociedad española de su tiempo, criticada mediante la ficción* de encontrarse los personajes en el mundo de los muertos. Nadie se salva de la sátira quevediana, desde los eclesiásticos hasta los poderosos, incluyendo a médicos, abogados, gentes de los más diversos oficios.

polémicas: luchas literarias.
concepto: idea que forma el entendimiento.
neologismo: palabra formada de otra que ya existe en la propia lengua (novedoso, de nuevo).
jergal: lengua especial de los vagos y maleantes.
alucinante: que engaña y confunde.
ficción: invento, lo que no es verdad, argumento.

Entre los sueños más conocidos y completos citaremos *El mundo por de dentro, El sueño de las calaveras* y *Las zahurdas de Plutón*.

Fue muy leído por los intelectuales de su tiempo, sobre todo sus obras políticas y ascéticas, donde el conceptismo llega a sus momentos más felices. *Política de Dios, La cuna y la sepultura, La vida de Marco Bruto* figuran entre sus mayores éxitos.

Velázquez: *Quevedo*.

También es autor de una novela picaresca, *La vida del Buscón llamado don Pablos,* con la cual contribuye al enriquecimiento de la narrativa barroca. Fue excelente traductor del latín, griego y francés.

Quevedo es escritor tan difícil como Góngora. Posee una variada retórica basada en la agudeza*, juego de conceptos, polisemia*, símbolos, exageraciones, personificaciones, antítesis*.

El conceptismo vivió paralelamente al culteranismo hasta la época de Calderón de la Barca, el cual supo aprovechar lo mejor de ambas tendencias para unirlas en los «autos sacramentales».

Hoy vivimos la era de Quevedo, su influencia se percibe tanto en la literatura española como en la hispanoamericana y se manifiesta en la narrativa y en la poesía. No olvidemos la actuación comprometida del escritor y del hombre en la España absolutista* y decadente de los Austrias.

agudeza: viveza de ingenio.
polisemia: varios significados de una palabra o palabra con varios significados.
antítesis: lo que es contrario o se opone.
absolutista: poder o gobierno ilimitado de los reyes.

Otras tendencias poéticas

En el extenso panorama que ofrece nuestra poesía, conviven con la lírica barroca otras formas y escuelas, figuras aisladas, tendencias más clásicas no siempre libres de la influencia de los culteranos y conceptistas.

La lírica de Lope de Vega, al igual que su épica, pertenecen a un depurado clasicismo, con leves toques barrocos manifestados en sus poemas mayores. Lope es poeta culto y popular. Asimiló a la perfección el espíritu de la poesía tradicional y a él se debe en parte su conservación.

Dos extensos cancioneros líricos, *Rimas humanas* (1602) y *Rimas sacras* (1614), más los poemas intercalados en su teatro, dan fe de su gran capacidad creadora. Fue un hábil versificador, y en su temática variadísima encontramos de todo (amor, soledad, temas autobiográficos, poesía de circunstancias, poemas religiosos...). Como poeta épico citaremos* *El Isidro* (1599) y *La Gatomaquia* (1634). En su obra en prosa *La Dorotea* (1632) encontramos alguno de sus mejores sonetos.

Todos los poetas dramáticos han contribuido al enriquecimiento de la lírica, pero destacan dos escuelas, la sevillana y la aragonesa, como competidoras* de gongorinos y conceptistas.

La escuela sevillana, heredera del poeta F. de Herrera, une a la contención* clásica ciertos aspectos formales barrocos que le dan una definida originalidad. La obra cumbre de esta escuela es una carta en verso, *Epístola moral a Fabio*, de Andrés Fernández de Andrada, perfecta síntesis de la concepción española del «desengaño», escrita con la sencillez y profunda humanidad de un espíritu renacentista.

El maestro de esta escuela es Francisco de Rioja, cantor de las flores. Creador de una poesía plástica, perfecta y equilibrada, armoniosa y colorista en sus delicados poemas titulados *Al clavel* y *A las rosas*.

La escuela aragonesa, menos rica que la anterior, es más profunda. Invita a la reflexión en sus temas morales, filosóficos y religiosos. La influencia de Horacio se hace visible en la obra de Bartolomé Leonardo de Argensola (1562-1631).

Pertenece a esta escuela un poeta de tono menor, Esteban Manuel de Villegas, autor de *Eróticas o amatorias* (1618), obra importantísima por su influencia en el siglo XVIII. Es un perfecto imitador de los clásicos. Canta el placer, el amor, el goce del vivir a la manera de Anacreonte*.

La novela y otras manifestaciones en prosa

A lo largo del siglo adquiere especial importancia la novela picaresca. Aparecen formas afines, como la novela costumbrista y en cierta medida la cortesana. Abundan los tratados doctrinales (ascéticos, filosóficos y políticos). Se cierra el género con un autor muy original: Baltasar Gracián.

La prosa barroca se abre con la publicación en 1599 de la primera parte de una novela picaresca, *Vida del pícaro Guzmán de Alfarache*. Su autor, el sevillano Mateo Alemán. Con la aparición de esta obra se inicia la segunda

---

citaremos: nombraremos.
competidora: lucha noble entre dos personas o ideas.
contención: acción de sujetar o contener.
Anacreonte: poeta griego.

época de la picaresca española. Está considerada, junto a la segunda parte (1605), como el modelo del género.

El nuevo pícaro ya no es un niño, sino un hombre que vive al margen* de la ley. Responsable de sus actos, terminará en presidio* o condenado a galeras*. Para conseguir sus propósitos no se detendrá, y hasta el crimen entra en sus planes. La visión de la sociedad se presenta con matices llenos de amargura y pesimismo. La lucha por la vida constituye el eje central de la nueva novela, aunque el autor se refugie en una concepción ética del comportamiento personal.

Los episodios suelen ser variados y el pícaro salta las barreras* de un pequeño contorno geográfico para realizarse por los caminos de Europa.

El género gozó del aplauso de las gentes y alcanzó una enorme difusión. Quevedo lo continuó con una corta pero excelente novela, *Historia del Buscón don Pablos* (1626), ejemplo del estilo barroco conceptista.

Baltasar Gracián.

Una visión más amable ofrece el poeta Vicente Espinel en la *Vida del escudero Marcos de Obregón* (1618), novela autobiográfica y picaresca, muy divertida y entrañablemente humana.

Otras novelas picarescas no alcanzan el tono sombrío y grandioso de las anteriores, pero contribuyen al enriquecimiento del género. Así ocurre con

al margen: fuera de.
presidio: cárcel.
galera: barco de remos.
barreras: límites.

La pícara Justina (1605), de Francisco López de Ubeda; *La hija de Celestina* (1612), de Alonso Jerónimo de Salas Barbadillo; *El diablo cojuelo* (1641), del dramaturgo Luis Vélez de Guevara, y *La vida y hechos de Estebanillo González* (1646).

El jesuita Baltasar Gracián (1601-1658) representa la actitud intelectual ante el hecho barroco. Sus enfrentamientos con la Compañía de Jesús le dieron una cierta independencia de criterio que expresó a través de una prosa conceptual densa* y compleja. La agudeza vive en la entraña de su obra literaria y a través de sentencias breves y contundentes* expone una concepción pesimista de la vida. El pesimismo gracianesco no está en contradicción con sus profundas convicciones cristianas.

Trazó los arquetipos o modelos del hombre barroco en tres obras de amplio eco*, *El héroe* (1637), *El discreto* (1646) y *El político* (1640). Su concepción del arte literario ha quedado reflejada en *Agudeza y Arte de Ingenio* (1642). Su obra cumbre es la novela simbólica *El Criticón* (1651-1657).

Esta última obra es una alegoría de la vida encarnada* en dos hombres, el salvaje Andrenio, símbolo de la naturaleza, y el experimentado Critilo, el propio Gracián, símbolo de la cultura. Es una novela de aprendizaje, porque Andrenio, sacado de una isla y puesto en contacto con la civilización, aprende poco a poco, tropezando y equivocándose constantemente, hasta alcanzar esa experiencia tan necesaria en la lucha diaria.

Gracián fue el gran desconocido. Influyó poderosamente en la literatura francesa de la época de Luis XIV y en el siglo XIX fue admirado por ciertos pensadores alemanes que encontraron en la obra del español la primera visión terrible, pesimista y desesperanzadora de la vida del hombre.

El teatro nacional: Lope de Vega y su escuela

A finales del siglo XVI, Lope de Vega fija los caracteres de la comedia y de acuerdo con sus innovaciones se construye todo el teatro de la época barroca. En líneas generales, son los siguientes:

1) Desaparición de las tres unidades de lugar, tiempo y acción.
2) Mezcla de lo trágico con lo cómico.
3) El teatro debe hacerse en verso y cada estrofa o metro tendrá su papel en el desarrollo de la obra:
    a) El romance sirve para la narración.
    b) La silva*, para los temas filosóficos y elevados.
    c) La redondilla* y sus variantes, para el amor.
    d) Los sonetos, para las ausencias o paso de una escena a otra.

4) Se pueden intercalar poemas líricos.
5) La comedia debe tener tres actos (planteamiento, nudo y desenlace).
6) Cada acto estará dividido en las escenas que necesite.

densa: profunda y rica en contenido.
contundente: de gran fuerza y poder.
eco: resonancia, muy conocido.
encarnada: que vive, que se hace carne o vida una idea.
silva: estrofa formada por versos de siete y once sílabas.
redondilla: estrofa formada por cuatro versos de ocho sílabas.

Oratorio de la casa de Lope de Vega.

7) Pueden convivir personajes nobles (caballeros, hidalgos) con personajes plebeyos* (villanos) y graciosos (criados y escuderos).
8) El honor es de vital importancia y su pérdida debe ser reparada por medio de la venganza.

Por supuesto que Lope sigue al pie de la letra sus propias innovaciones. Su enorme facilidad le hizo buscar temas en todas partes: vida de santos, motivos sagrados, dogmas y creencias, la Biblia le suministran materiales para sus comedias religiosas.

El mundo clásico, la mitología, la historia le abastecen* en su vertiente mitológica.

Los temas nacionales sacados de los libros más inverosímiles o de sencillas canciones populares han dado lugar a sus dramas más importantes.

El grupo selecto de comedias de amor, enredo, celos, es de su inventiva. Así procedió para *La dama boba, El anzuelo de Fenisa, Los melindres de Belisa, El villano en su rincón...*

plebeyo: del pueblo.
abastecer: dar o proveer temas.

Eugenio Caxes: *Retrato de Lope de Vega.*

El éxito del dramaturgo se explica porque escribió para el pueblo y llevó a la escena los temas y problemas que le interesaban. Los dramas *Fuenteovejuna, Peribáñez y el comendador de Ocaña* y *El caballero de Olmedo* son lo más perenne* de su creación dramática.

Lope Félix de Vega Carpio (1562-1635), llamado «Monstruo de la naturaleza», nació en Madrid. Su biografía es alucinante. Es el mejor ejemplo de una vida barroca, aunque como escritor (poeta y dramaturgo) se mantuvo dentro de un sereno clasicismo.

Sus discípulos se cuentan por decenas. Algunos fueron primeras figuras, como fray Gabriel Téllez, conocido por su seudónimo: Tirso de Molina (1584-1648). En algunas obras consigue superar a su maestro. Creó tipos eternos, como el de don Juan en *El burlador de Sevilla,* y sobre todo mujeres, *Marta, la piadosa, La prudencia en la mujer.* Nos ha dejado también un interesante drama teológico, *El condenado por desconfiado.*

El mexicano Juan Ruiz de Alarcón trajo un teatro de carácter moral, *Las paredes oyen, La verdad sospechosa,* que invita a la reflexión. Influyó en el teatro clásico francés.

Luis Vélez de Guevara tiene una poética tragedia sobre los amores de Inés de Castro, *Reinar después de morir;* Guillén de Castro recreó la figura tradicional de «el Cid» en *Las mocedades del Cid.* Antonio Mira de Amescua ha dejado un interesante drama religioso, *El esclavo del demonio.*

Cada discípulo busca y profundiza en una línea del maestro. Ninguno poseyó su capacidad. Hasta Calderón de la Barca fue en sus orígenes alumno aventajado* de Lope.

perenne: eterno, continuo, que permanece.
aventajado: que lleva ventaja, superior en su clase.

El teatro nacional: Calderón y su escuela

Pedro Calderón de la Barca (1600-1681), madrileño, es el dramaturgo más completo de la época barroca. Su estilo supone el equilibrio entre el culteranismo y el conceptismo.

Dedicó toda su vida al teatro y cuidó del montaje* de sus propias obras. Escribió para la corte y vivió rodeado de escenógrafos, actores, músicos, pintores, para lograr con el esfuerzo de todos la obra perfecta. Su escenografía es muy cuidada.

Calderón de la Barca.

Su teatro es reflexivo y filosófico. Carece de la humanidad del de su maestro, pero obliga a sus espectadores a pensar. Sus personajes son ideas o encarnan ideas propias de la época. Gusta de los conceptos y simbolismos.

En principio sigue el ejemplo de Lope, hace teatro histórico nacional en sus temas de honor, comedias de amor y celos más exageradas que las de su maestro, y se inspira o en los dramas precedentes* o en la tradición.

montaje: puesta en escena de una obra de teatro.
precedentes: anteriores.

Corral de comedias de Almagro.

Su producción es menor que la de Lope. Entre sus obras citaremos *La dama duende, El médico de su honra, El pintor de su deshonra*. Perfecciona el teatro mitológico, de gran belleza y lirismo: *La hija del aire, La estatua de Prometeo*. Cultiva el teatro religioso: *El mágico prodigioso, La devoción de la cruz*. Es decir, Calderón tiene la misma variedad que ofrece Lope y resuelve sus comedias y dramas con más originalidad y empeño.

Su gran aportación al teatro fue el «auto sacramental», pieza típica barroca de contenido religioso y alegórico. Se define como «una composición dramática en una jornada, alegórica y relativa, generalmente, a la Comunión». Solía representarse en la octava del Corpus y está ligado a la reforma y definición que el Concilio de Trento hizo del misterio de la Eucaristía*.

Los autos sacramentales más famosos son *El gran teatro del mundo* (1633), *Los encantos de la culpa* (1645), *La cena de Baltasar* (1634) y otros inspirados en comedias anteriores del propio autor.

La fama de Calderón perdura hoy por haber sido el creador de dos grandes dramas, posiblemente los mejores de todo el teatro español. Uno histórico, *El alcalde de Zalamea* (1651), en torno al tema del honor, relacionado con las clases sociales de la época. La figura del villano* Pedro Crespo, alcalde del pueblo, es de una fuerza y calidad excepcionales.

El otro drama, filosófico, es *La vida es sueño* (1635). Reflexión sobre los linderos* entre la realidad y el sueño, los problemas del hombre ordenados

---

Eucaristía: parte de la Misa en el momento de la consagración.
villano: natural de una villa o pueblo.
linderos: límites.

a un fin cuyo destino es Dios en su concepción* de Providencia. La figura del príncipe Segismundo es esencialmente teatral.

Calderón creó una escuela tan importante como la de Lope. Hasta dos o tres generaciones de calderonianos vivieron en la segunda mitad del siglo y en parte del siguiente. Nunca fue un desconocido, aunque su valía oficial no fuera reconocida universalmente hasta el Romanticismo.

Sus discípulos más importantes fueron Francisco de Rojas, autor de *Entre bobos anda el juego, Del rey abajo, ninguno* y *Cada cual lo que le toca*; Agustín Moreto, que anuncia la influencia francesa en la delicadeza de caracteres, en la nueva concepción del gracioso y en el tema del jardín. Sus obras más importantes son *El desdén con el desdén* y, sobre todo, *El lindo don Diego*.

Calderón y su escuela potenciaron otros géneros menores, como la zarzuela, el entremés, la mojiganga*, el baile, la danza escénica que anuncian las obras dramáticas musicales del siglo XVIII.

CUESTIONES

1. ¿Qué le ocurren a la poesía, al teatro y a la lírica españoles durante el Barroco?
2. ¿Cuáles son las características del estilo culterano? ¿A qué poeta pueden aplicarse?
3. ¿Cuántas épocas hay en la obra de Góngora? ¿En qué año aproximadamente se produce el cambio? ¿Cuál es su poema barroco más importante?
4. ¿Quién es el maestro del conceptismo? ¿Recuerdas el nombre de una novela picaresca escrita por él?
5. ¿Qué son los *Sueños*?
6. Recursos retóricos utilizados por Quevedo.
7. ¿Qué clase de poesía cultiva Quevedo?
8. ¿Cómo es la lírica de Lope de Vega?
9. ¿Quién es el maestro de la escuela poética sevillana del siglo XVII?
10. Enumera las formas narrativas del siglo XVII.
11. Cita tres novelas picarescas barrocas. ¿Recuerdas quiénes son sus autores?
12. Características de la prosa de Baltasar Gracián.
13. ¿Qué se propuso Baltasar Gracián con su novela *El Criticón*?
14. ¿Qué dramaturgo crea el teatro nacional español?
15. ¿Dónde encuentra Lope de Vega temas para sus obras de teatro?
16. Cita dos comedias de Lope de Vega.
17. ¿Quién es el autor de *El caballero de Olmedo*? ¿Y de *La vida es sueño*?
18. ¿Para qué se utilizaba el romance en el teatro? ¿Y los sonetos?
19. ¿Cuántos actos debían tener las obras de teatro? ¿Para qué servía cada uno de ellos?
20. ¿Qué personajes podían convivir en una misma obra de teatro?
21. ¿Qué tipo teatral creó Tirso de Molina? ¿En qué obra?
22. ¿Cuáles son las cuatro características fundamentales del teatro de Calderón?
23. ¿Qué es el auto sacramental? ¿Recuerdas algún título?
24. ¿Cuál es el tema fundamental de *La vida es sueño*?
25. ¿Podrías citar géneros dramáticos menores de la época barroca?

concepción: formación de una idea.
mojiganga: obra dramática humorística muy breve.

5. Siglo XVIII

El siglo XVIII

Epoca de influencia francesa manifestada en la lengua (galicismos)*, moda, arte y política. El afrancesamiento penetra a través de: *a)* Monarquía borbónica (Felipe V, nieto de Luis XIV de Francia); *b)* libros franceses (traducciones de Corneille y Molière, lectura de Montesquieu, Voltaire, Rousseau y aceptación del ideario de la *Enciclopedia*).

Cuatro movimientos culturales se suceden a lo largo del siglo: *Barroco*, procedente del siglo anterior; *Ilustración*, *Prerromanticismo* y *Neoclasicismo*. El primero, de influencia calderoniana, vive durante el reinado de Felipe V. El segundo coincide con los reinados de Fernando VI y Carlos III. El prerromanticismo, de escasa importancia, nace y muere durante el gobierno de Carlos III. El último se desarrolla en la época de Carlos IV y penetra en el siglo XIX, siendo sustituido por el Romanticismo.

La primera época

Junto a un pueblo barroco aparece una minoría afrancesada dispuesta a implantar el clasicismo a la manera de Francia e Italia.

El teatro, género de gran interés, sigue viviendo de Calderón y sus discípulos. Gustan los dramas de honor y los «autos sacramentales». Dos dramaturgos, Antonio de Zamora y José de Cañizares, suministran a la escena obras de escaso interés literario.

La poesía, reducida a figuras de tercera fila, gusta del barroco culterano y conceptista. Se hacen poemas mitológicos y de circunstancias. El pueblo se entusiasma con los *romances de ciego**.

Desaparece la novela, género en decadencia desde finales del siglo anterior. La prosa se refugia en el campo de la erudición y la crítica. Estas formas son las que sirven de camino para la introducción de elementos culturales dieciochescos.

Los primeros decenios del siglo presentan un panorama muy pobre. Solamente ofrece un escritor barroco original, discípulo lejano de Quevedo, Diego de Torres Villarroel (1694-1770). Su *Vida* se lee con gusto; es escritor ameno*, humorista y satírico. Dominador de la lengua, posee un léxico variado. Presenta de una manera directa los numerosos acontecimientos de su existencia, pues fue curandero*, torero, profesor de Universidad, adivinador, fugitivo de la justicia. La *Vida del doctor don Diego de Torres* es, en parte, una divertida novela picaresca.

galicismo: palabra de origen francés.
romances de ciego: relato popular en verso, recitado por los ciegos.
ameno: que agrada al lector.
curandero: persona que ejerce la medicina sin ser médico.

Real Academia Española.

La actitud crítica, frente al barroco, está representada por las obras de tres escritores: Benito J. Feijoo (1676-1764), Francisco de Isla (1703-1781) e Ignacio de Luzán (1702-1754). El padre Feijoo es el primero en luchar contra la ignorancia; expone de una manera sencilla, al alcance de todos, la ciencia de su tiempo. Sus ensayos, recogidos en *Teatro crítico universal* y *Cartas eruditas y curiosas,* divulgan* el saber enciclopédico de su época. Escribe con mesura* y orden. Su prosa es actual, libre de retórica. Se dirige a un público de cultura media. Puede considerársele el primer escritor moderno.

El padre Isla trata de reformar la oratoria sagrada*. Contra los predicadores barrocos escribe una novela, *Historia del famoso predicador fray Gerundio de Campazas, alias Zotes.* Extensa novela llena de humor y sanas intenciones. Es uno de los pocos ejemplos de narraciones nacidas al amparo de las ideas del siglo XVIII.

El aragonés Ignacio de Luzán, con su *Poética* (1737), sienta las bases del arte nuevo. Imitando a preceptistas italianos y franceses expone cuáles deben ser las normas de la poesía y del teatro. Su tratado ejercerá una profunda influencia en el último tercio del siglo. Será el manual de los escritores neoclásicos.

Este período se completa con la aparición de una serie de instituciones reales encaminadas a dirigir la cultura. Durante el reinado de Felipe V se crean la Academia de la Lengua, de la Historia y la Biblioteca Nacional. La primera

divulgar: poner al alcance de todos lo que todos pueden entender.
mesura: moderación y medida en el hablar o escribir.
oratoria sagrada: sermones pronunciados en las iglesias.

ejerció una influencia decisiva en el curso de la lengua castellana, a la que dotó de un excelente *Diccionario* (1726-1739), una *Ortografía* (1741) y una *Gramática* (1771).

La Ilustración

En esta época la literatura se pone al servicio de las ideas reformistas. Por una parte, canta el progreso con esa ingenuidad tan propia de los espíritus dieciochescos; por otra, trata de sacar a España del atraso cultural en que se encuentra. La pluma sirve a los ideales de Carlos III y sus ministros.

Muchos son los escritores y las instituciones nacidas al amparo de este ideario. Nos fijaremos en dos figuras de excepción, José Cadalso y Gaspar Melchor de Jovellanos. De entre las instituciones conviene recordar las Sociedades de Amigos del País, las Juntas de Comercio y la tímida* aparición de un medio nuevo de propagación de ideas: la *prensa*.

José Cadalso (1741-1782), escritor y militar, se sirvió de la poesía, el teatro y la prosa. Fue hombre de vida apasionada, casi un romántico fuera de época. Su poesía, recogida en *Ocios de mi juventud* (1773), es de clara influencia clásica. Canta el amor, el placer, el vino, la vida.

El recuerdo de una actriz, María Ignacia Ibáñez, queda en las páginas de una obra prerromántica, *Noches lúgubres,* inspirada en el escritor inglés Young y llena de los tópicos* propios de un espíritu exaltado: ambientes sepulcrales, nocturnos, templos misteriosos. Una lengua retórica y efectista* recorre los diálogos habidos entre el protagonista y un enterrador*. Esta obra dio lugar al nacimiento de una leyenda.

Su obra maestra es las *Cartas marruecas* (1789), conjunto de cartas cruzadas entre un africano, Gazel, y sus amigos Ben-Beley y Nuño, nombre tras el que se oculta Cadalso. En ellas se da un repaso a la vida española del siglo XVIII, se explican las razones de la decadencia y se expone un programa reformista según el ideario de la Ilustración.

Las causas de la decadencia son las siguientes: desastroso gobierno de la Casa de Austria, afición a la guerra, desinterés por el trabajo, abundancia de hidalgos y títulos*, pérdida de población a causa de la colonización de América.

Su programa reformista está basado en el cultivo de la ciencia, la cultura y en el ejercicio de virtudes sociales que cambien el hábito rutinario* de los españoles. Hay una alabanza desmesurada a la dinastía reinante.

Gaspar M. de Jovellanos (1744-1811), estadista, legislador y escritor, encarna en la teoría y en la práctica el espíritu de la Ilustración.

Para Jovellanos la cultura es la base de la reforma y el punto de partida de la redención de los pueblos. Así lo expone en el *Plan general de Instrucción Pública*. Si España es país de economía agrícola, reformemos el campo para hacerlo más productivo, mejorando su rendimiento y a sus hombres. Estas ideas se encuentran en el *Informe de la Ley Agraria*. Su profundo amor a España, europeísmo y tradición, se remansa* en *Memoria en defensa de la Junta Central* (1810).

tímida: que aparece con miedo.
tópicos: repeticiones de cosas sabidas.
efectista: que produce efecto o sorpresa.
enterrador: el que entierra a los muertos.
títulos: dignidad de algunas personas.
rutinario: que repite las cosas sin añadir nada nuevo.
remansa: se detiene como la corriente de agua.

Goya: *Gaspar Melchor de Jovellanos.*

Su poesía sentimental y filosófica, recogida en *Sátiras* y *Epístolas,* participa de un doble espíritu, el ilustrado y el prerromántico. La sobriedad y sencillez de su estilo, la elegancia en el decir, lo aproximan a los hombres del 98. El adivina, antes que otros, el alma y paisaje de Castilla.

Un extenso *Epistolario* y una comedia, *El delincuente honrado,* reflejan un espíritu liberal, abierto a todas las influencias, pero sin despreciar lo español.

El prerromanticismo

Se manifiesta en dos escuelas poéticas, *salmantina* y *sevillana.* Ambas supieron unir lo clásico del pasado con el nuevo espíritu representado por el sentimentalismo de Rousseau y las innovaciones de los escritores ingleses. Los de la escuela de Salamanca buscaron su inspiración en fray Luis de León y Esteban Manuel de Villegas; los de la escuela sevillana se fijaron en Fernando de Herrera y Francisco de Rioja.

Nicasio Alvarez de Cienfuegos (1764-1809) y Juan Nicasio Gallego (1777-1853) son los representantes de la escuela prerromántica de Salamanca, pues

Manuel José Quintana (1772-1857) sigue por senderos* ilustrados y neoclásicos, cantando el progreso y la libertad.

La escuela sevillana es más variada; junto a temas dieciochescos, gusta de la poesía religiosa, mitológica y didáctica. El maestro fue Alberto Lista (1775-1848).

El poeta más importante, Juan Meléndez Valdés (1754-1817), pertenece a la primera escuela de Salamanca. Su extensa obra se divide en dos épocas. La primera, representada por las *Odas, Idilios* y *Eglogas,* continúa la tradición clásica española, aunque su estilo, delicado en exceso, lo aleja de la sensibilidad actual. La segunda, con *Epístolas* y *Romances,* supone la unión del espíritu ilustrado con el sentimiento romántico expresado en la contemplación de la naturaleza, gusto por la historia y evocación* de la libertad.

El Neoclasicismo

Se impone en la segunda mitad del siglo con el triunfo de las ideas expuestas por I. de Luzán en su *Poética.* Teatro y poesía se encargarán de su

Goya: *Leandro F. de Moratín, joven.*

difusión. La corrección, el «buen gusto», la exquisita perfección de las formas desplazan al sentimiento. Este queda oculto bajo la máscara* de la frialdad y el afán didáctico.

senderos: caminos.
evocación: recuerdo de algo con sentimiento.
máscara: actitud de algunas personas para ocultar sus sentimientos.

El teatro, prodigio de equilibrio, aceptará las tres unidades de lugar, tiempo y acción, se hará verosímil* y será instrumento educativo, sobre todo en manos de Leandro Fernández de Moratín (1760-1828), uno de los escritores más cultos del siglo y perfecto ejemplo de espíritu afrancesado.

Debe su fama a dos obras originales. Dos comedias perfectamente construidas, *La comedia nueva o El café*, con la cual quiso reformar la escena de su tiempo dominada por formas populares, y *El sí de las niñas* (1801), su pieza maestra; denuncia de la condición de semiesclavitud a la que estaba sometida la mujer. Ambas son de carácter didáctico y están escritas en un lenguaje armonioso, equilibrado, sabiamente medido para ocultar cualquier sentimiento personal. Con ambas obras y la genial traducción de *El médico a palos* comienza el teatro moderno en España. Moratín impone la prosa en el teatro y traza unos caracteres humanos que enlazan con la «alta comedia» de la época positivista.

El teatro popular, refugiado en el *sainete*, la *tonadilla escénica* y la *zarzuela*, encontró en el dramaturgo Ramón de la Cruz (1731-1794) su mejor creador. El asimiló el espíritu del pueblo, sobre todo del madrileño, y nos ha dejado piezas llenas de humor, como *Manolo* y *Las castañeras picadas*.

Moratín también fue excelente poeta y mejor prosista, pero la poesía de este tiempo está representada por dos fabulistas, Tomás de Iriarte (1750-1791) y Félix María Samaniego (1745-1801); sus *Fábulas literarias* y *Fábulas morales* constituyen hoy un ejemplo de poesía narrativa didáctica, delicia* de chicos y grandes. Fábulas como *La lechera, El cuervo y el zorro, El burro flautista* figuran en todos los textos escolares.

CUESTIONES

1. Cita los cuatro movimientos culturales del siglo XVIII español.
2. ¿Quién es la figura literaria más importante de la primera época?
3. ¿Quién es el autor de la *Poética*? ¿Qué importancia encierra este tratado?
4. ¿Qué medio de comunicación nuevo difundió las ideas de la Ilustración?
5. ¿Cómo se llama la obra prerromántica de José Cadalso? ¿Y su obra maestra?
6. ¿Cuáles son para José Cadalso las causas de la decadencia española?
7. ¿Cuál es para Jovellanos la base de la reforma? ¿En qué obra la expone?
8. ¿Cómo se llamaban las dos escuelas prerrománticas del siglo XVIII? ¿Quién fue el poeta más importante de este período?
9. ¿Qué influencias literarias extranjeras se dejaron sentir sobre las dos escuelas?
10. ¿Qué géneros literarios se encargan de la difusión del neoclasicismo?
11. Características del teatro neoclásico.
12. ¿Cuáles son las dos comedias más importantes de Leandro F. de Moratín?
13. Cita los nombres de piezas teatrales populares. ¿Quién fue su mejor intérprete?
14. ¿Quiénes son los representantes de la poesía didáctica neoclásica? ¿Recuerdas el título de alguna fábula?

verosímil: lo que parece verdad.
delicia: lo que es agradable.

6. Siglo XIX

El siglo XIX

Los movimientos políticos y militares, las agitaciones sociales, la multiplicidad de constituciones y regímenes, la inestabilidad* y los movimientos culturales y filosóficos, contribuyen a hacer de este siglo una etapa permeable* y movediza*. Estas inquietudes se manifiestan en las múltiples tendencias literarias que viven a lo largo del mismo.

Los primeros decenios suponen una prolongación de las corrientes «neoclásicas» del siglo anterior, aunque se abre paso tímidamente el Romanticismo. Históricamente es la época de la «guerra de la Independencia» y comienzos del reinado de Fernando VII.

Entre 1830 y 1850 se desarrolla el Romanticismo, aunque hay un rebrote* del mismo entre 1860 y 1875, épocas de Gustavo Adolfo Bécquer y Rosalía de Castro.

A partir de 1860 se impone el *realismo*. La poesía y el teatro ceden paso a la novela que se desarrolla pujante* a través de grandes individualidades. El desarrollo de la vida urbana y el creciente poder de la burguesía contribuyen al éxito del género narrativo.

Apenas tiene valor entre nosotros la *corriente naturalista*. Se puede hablar de novelas naturalistas, no de escritores pertenecientes a ese especial modo de contar.

A finales de siglo hace su aparición el *modernismo*, pero con él entramos en el mundo cultural contemporáneo. A partir de 1860 evolucionan la poesía y el teatro; la primera sigue los cánones* franceses, *parnasismo* y *presimbolismo*; el segundo se resuelve en fórmulas de *alta comedia* con predominio de la tesis* o se llega a un *drama positivista* con claras resonancias sociales. Hay una poderosa literatura popular manifestada en la zarzuela, piezas costumbristas, novela-folletín y poesía de cordel dirigida a públicos poco exigentes.

El Romanticismo

Apenas se diferencia del que se da en la Europa occidental. Sus características fundamentales son: defensa de la libertad individual y de los pueblos, vuelta consciente a un lejano pasado que sirva para explicar sus raíces na-

---

inestabilidad: lo que no puede estar quieto.
permeable: que deja penetrar o pasa ideas.
movediza: que se mueve.
rebrote: lo que vuelve a nacer, nacer por segunda vez.
pujante: poderosa.
cánones: reglas o preceptos.
tesis: final o conclusión de un razonamiento.

Esquivel: *Los poetas románticos.*

cionales e históricas (pasión por la Edad Media), expresión de los sentimientos, exaltación de la personalidad, no aceptación de la realidad a la que considera monótona* y condenada al olvido, gusto por lo exótico* (orientalismo y americanismo, paisajes lejanos), contemplación de la naturaleza salvaje, elevación de lo popular a categoría artística (renacimiento del romancero español y del folklore), religiosidad panteísta, anhelo de trascendencia (preocupaciones políticas, morales, filosóficas, religiosas), feroz* espíritu de independencia.

Los románticos españoles de la primera generación buscan sus modelos en la inmediata literatura francesa, en los grandes líricos ingleses (lord Byron) y en los teóricos alemanes. El Romanticismo entra por Cataluña, a través de la prensa y de las traducciones, y por Andalucía como resultado de las polémicas habidas entre Nicolás Böhl de Faber y sus oponentes* José J. de Mora y A. Alcalá Galiano. Su triunfo se produciría a partir de 1830 con el regreso de los constitucionales emigrados, sobre todo Mariano J. de Larra y el duque de Rivas.

La primera generación romántica ofrece tres figuras importantes: el periodista Mariano José de Larra, el dramaturgo y poeta Angel de Saavedra, duque de Rivas, y el lírico José de Espronceda. Junto a ellos aparecen otros escritores menores que contribuyen al éxito del Romanticismo (Enrique Gil, novelista; Antonio García Gutiérrez, Juan Eugenio Hartzenbusch, dramaturgos).

Mariano J. de Larra es el maestro del costumbrismo romántico hecho realidad a través de la prensa. Su gran problema fue España y puso todo su

monótona: siempre igual, que se repite.
exótico: extraño, extranjero.
feroz: violento.
oponentes: que se oponen a alguien o a algo.

empeño en reformar nuestras costumbres, que le parecían impropias de una sociedad moderna.

Larra se formó en Francia y venía educado como un liberal; su formación extranjera le llevó en ocasiones a la incomprensión de lo nacional, pero muchas de sus críticas siguen teniendo un valor permanente.

Criticó los espectáculos taurinos* por considerarlos bárbaros, atacó sistemáticamente la desmedida afición de los hispanos a todo lo relacionado con la muerte (lutos* excesivos y días de difuntos), costumbres poco recomendables se satirizan en *El castellano viejo,* lentitud de la burocracia* en *Vuelva usted mañana.*

Numerosos artículos se ocupan de la política, otros se limitan a presentar los libros y éxitos teatrales del momento. Larra fue uno de nuestros mejores críticos literarios. Hizo incursiones en el campo de la poesía con escaso éxito y tentó la novela y el drama.

Larra escribe de una manera directa, o expone sus ideas en largos parlamentos o inventa un diálogo de carácter costumbrista. Fue un escritor severo y sombrío*. Un desengaño amoroso o la conciencia de su fracaso como reformador le condujeron al suicidio* cuando sólo tenía veintisiete años.

Una de las fechas más importantes para nuestro Romanticismo fue la de 1835. Un acontecimiento teatral conmocionó el ambiente cultural madrileño. El duque de Rivas (1791-1865) estrenó *Don Alvaro o la fuerza del sino;* año tras año se fueron sucediendo los éxitos del nuevo teatro: *El trovador* (1836), de García Gutiérrez; *Los amantes de Teruel* (1837), de Hartzenbusch.

El primero es prototipo del drama romántico: se mezcla lo culto con lo popular, la prosa con el verso, reaparece el tema del honor, contenido histórico nacional inspirado en los dramas de Lope y Calderón, se rompe con las unidades de lugar, tiempo y acción, se exaltan las pasiones, abundan el misterio, los nocturnos y el paisaje. Todo se envuelve en medio de una escenografía aparatosa*.

El mismo autor publicó un segundo drama, *El desengaño en un sueño* (1842), y otras piezas menores. Destacó como poeta romántico con sus *Romances históricos* (1841), alguno sigue figurando en las antologías como obras maestras por su mesura y temática *(Un castellano leal, Una antigualla en Sevilla).*

El romántico por antonomasia*, en su vida y obra, es José de Espronceda (1808-1842). Viajero por tierras de Portugal, Inglaterra y Francia, vivió apasionadamente una loca historia de amor con Teresa Mancha, a la que inmortalizó en uno de los mejores poemas de amor y muerte de toda nuestra literatura: *Canto a Teresa.*

Fue un escritor precoz* y en parte un autodidacta. Su poesía es intuitiva, no sigue un modelo fijo, aunque la crítica conoce su deuda con Byron. El conjunto más variado de sus poemas apareció en 1840; en él canta su amor por la libertad *(Canto del cosaco, Canción del pirata),* cierta tendencia al

taurino: relativo a los toros.
luto: pena por la muerte de alguien, se manifiesta en el color negro de la ropa.
burocracia: influencia de los empleados en la vida pública.
sombrío: demasiado triste.
suicidio: muerte causada por uno mismo.
aparatosa: grande y complicada.
por antonomasia: con preferencia a todos los demás.
precoz: adelantado a su edad.

José de Espronceda.

humanitarismo, más dieciochesco que romántico *(El mendigo, El verdugo)*, o bien poemas de circunstancias, productos de una brillante improvisación.

En 1840 aparecen sus dos obras mayores. Pertenecen a la poesía narrativa. La más hermosa y perfecta, modelo de las inquietudes románticas, es *El estudiante de Salamanca;* aparatosa y trascendente, demasiado ambiciosa, se nos ofrece *El diablo mundo.*

Espronceda consiguió con su estilo juvenil y desaliñado* crear toda una escuela romántica cuyos ecos sobrepasaron las fronteras peninsulares hasta llegar a América.

Segunda generación romántica

Está representada por José Zorrilla (1817-1893), el escritor más popular de nuestro siglo XIX. Se le ha llamado el «Víctor Hugo» español. Se expresó a través de la poesía lírica y narrativa, pero su fama la debió a su condición de dramaturgo abundante y fácil.

La poesía de Zorrilla está dotada de una gran musicalidad, basada en una rica retórica y en el dominio perfecto de la forma. Su métrica es variadísima; dominaba tanto los versos de arte menor (octosílabo para el romance) como los de arte mayor (endecasílabo para las octavas, alejandrinos para

desaliñado: muy poco cuidado.

los cuartetos). Es también poesía muy plástica*, llena de color y con una extraordinaria riqueza de léxico.

Como lírico destaca en *Orientales* (1837-1840), si bien la poesía narrativa contenida en las *Leyendas* ofrece un mayor interés por su temática, variedad y arte de contar. Las más conocidas son *A buen juez, mejor testigo* y *Margarita la tornera*.

De su extensa producción dramática citaremos *El zapatero y el rey* (1841-1842) en torno a la figura del rey don Pedro, el famosísimo *Don Juan Tenorio* (1844), evocación romántica del mito de don Juan, y *Traidor, inconfeso y mártir* (1849), acerca de la leyenda nacida a raíz de la muerte del rey don Sebastián de Portugal.

Gustavo Adolfo Bécquer

Pertenece, junto a la escritora gallega Rosalía de Castro, a la tercera generación romántica. De vida breve y apasionada, nació en Sevilla, ciudad que debió abandonar a temprana edad para establecerse en Madrid. A causa

V. Bécquer: *Gustavo Adolfo Bécquer*.

de su delicada salud vivió temporadas en Soria y pasó los últimos meses de su vida en el monasterio de Veruela. Regresó a Madrid a la muerte de su hermano para morir poco tiempo después (1870), a los treinta y cuatro años de edad.

plástica: que se puede percibir por su precisión.

Era un espíritu sensible, aficionado a la pintura y música. Encontró en la poesía el medio más fiel para reflejar la riqueza de su mundo interior.

Su única obra poética es *Rimas* (1871), delicado y revolucionario cancionero donde el hombre ha vertido sus ideas sobre la poesía (rimas iniciales), la mujer y el amor, la soledad y la muerte.

Bécquer utiliza el verso polimétrico y la asonancia. Son conocidos sus contactos con la poesía de A. de Musset, posiblemente con E. Heine, pero sobre todo con la canción popular andaluza, reflexiva y llena de emoción y sentimiento. Quiso devolver a la palabra su verdadero valor poético y fue capaz de crear un nuevo léxico, intimista* e intuitivo, creando así un mundo mágico lleno de melancolía y misterio. La clave* parece estar en la «inspiración», principio esencialmente romántico.

En prosa nos ha dejado un conjunto apreciable de *Leyendas,* donde se dan la mano el misterio, el amor, la muerte, el paisaje y la inquietud por el más allá. Sus veintiocho relatos constituyen un alarde* de prosa poética difícilmente igualable. Unas leyendas se desarrollan en Toledo *(Tres fechas),* otras en Sevilla *(Maese Pérez el organista, La venta de los gatos),* bien en Soria *(El monte de las ánimas)* o en su retiro de Veruela *(El miserere).*

Bécquer fue un desconocido en la España de su tiempo. Su nueva manera de hacer influirá tanto en América que los becquerianos constituyeron en el continente una verdadera legión. Su magisterio nos llega a través de Juan Ramón Jiménez, Antonio Machado y los poetas de la generación del 27.

Una etapa de transición: del romanticismo al realismo

Debemos a Cecilia Böhl de Faber (Fernán Caballero, 1796-1877) la importancia creciente de las formas narrativas, novela y cuento, y un progresivo afianzamiento del realismo.

Los orígenes de la novela decimonónica hay que buscarlos en la corriente costumbrista, constante observación de la realidad, sobre todo de los hechos cotidianos, ascendencia de la clase media y penetración de la novela francesa creada por H. de Balzac. Lo provinciano y lo folklórico, la importancia de lo descriptivo y el deseo de retratar a la sociedad favorecen el desarrollo de la narración.

La gaviota (1849) y *La familia de Alvareda* (1849), de Fernán Caballero, significan el punto de partida. Una visión (desde el lado de la burguesía) de la Andalucía vivida por la autora prefigura el realismo. Hay, sobre todo en la primera, recuerdos constantes del romanticismo, pero el ambiente sevillano y los tipos populares que desfilan por sus páginas suponen una nueva manera de ver la vida.

Pedro A. de Alarcón (1833-1891) se aproxima lentamente al realismo y no llega a su plenitud más que al final de su carrera*. Fue buen periodista y autor de libros de viajes. *La Alpujarra* (1873) causó honda impresión, así como sus colecciones de cuentos recogidos en *Cuentos amatorios* (1881).

La fama alcanzada por el novelista se debe a una novela corta, *El sombrero de tres picos* (1874), y dos extensas, *El escándalo* (1875) y *El niño de la*

---

intimista: que mira hacia adentro.
clave: llave u origen de algo.
alarde: lo que uno es capaz de hacer.
carrera: vida dedicada a la creación.

bola (1880). Sus creaciones pertenecen a una corriente ética* enlazada con intenciones didácticas. Construye con habilidad, si bien no profundiza en el alma de los personajes. Une a una visión superficial de la sociedad cierto gusto por el humor y la sátira. En ocasiones, bellas páginas llenas de color y poesía salvan relatos mediocres* y poco elaborados.

Adelardo López de Ayala (1829-1879) y Manuel Tamayo (1829-1898) se encargan de liquidar el teatro romántico inclinándolo, el primero, hacia la alta comedia psicológica en dramas como *Consuelo* (1878), y el segundo, hacia direcciones realistas y de tesis como en *Lo positivo* (1863), o por el camino de lo novedoso y experimental en *Un drama nuevo* (1867).

Una generación de novelistas

Tres figuras dominan con una poderosa personalidad y un estilo inconfundible. Juan Valera, Benito Pérez Galdós y Leopoldo Alas «Clarín». El primero, dentro del realismo, tiende a actitudes estéticas e idealizantes; el segundo, realista pleno, acepta aspectos secundarios del naturalismo e inclusive intenta la novela idealista y simbólica; el tercero, más naturalista que realista, comparte su capacidad creadora con la crítica de altos vuelos*.

Juan Valera (1824-1905), nacido en Cabra, provincia de Córdoba, perteneció a una familia noble por su tradición y cultura. Por su condición de diplomático viajó por casi toda Europa y América. Dominaba las lenguas clásicas y casi todas las modernas. Fue aficionado a la filosofía, buen lector y hombre mesurado en sus críticas. Espíritu refinado*, se le considera como el escritor aristócrata de nuestro siglo XIX.

Comenzó a publicar muy tarde, en su edad madura. No debe extrañarnos que en pocos años su producción creciera de un modo asombroso y naciera perfecta dentro de su peculiar concepción de la novela. La más famosa es *Pepita Jiménez* (1874), bella historia amorosa vivida en un pueblecito andaluz entre un seminarista y una viuda joven. El proceso psicológico sufrido por el protagonista, en su paso del amor divino al humano, es un prodigio de finura y equilibrio. Hasta las figuras secundarias están muy cuidadas. La novela se desarrolla en parte a base de cartas cruzadas entre el seminarista y su director y preceptor*. Valera fue un genial autor de cartas. Prueba de ella es su extenso *Epistolario*.

Otras atractivas figuras de mujer aparecen como protagonistas de dos novelas, *Doña Luz* (1879) y *Juanita la Larga* (1896). En ellas expone Valera su concepto de la mujer y sus ideas en torno al amor. Son modelos de una prosa tersa*, demasiado idealizante para los gustos actuales. Fiel reflejo del refinado espíritu del autor, obsesionado por la belleza de las cosas y de la vida.

Ha dejado algún cuento modélico*, *El pájaro verde*, e infinidad de ensayos y traducciones excelentes. Durante algún tiempo gustó de la poesía, clásica en la forma pero de escasa emoción humana. Su lema preferido, «la belleza está en la forma», define y ayuda a comprender todo su mundo literario.

ética: moral.
mediocres: de mala calidad.
altos vuelos: de gran interés por su contenido.
refinado: selecto y aristocrático.
preceptor: el que guía a alguien en cuestiones importantes.
tersa: muy clara y equilibrada.
modélico: que se puede poner de ejemplo.

Retrato de Valera.

Sorolla: *Benito Pérez Galdós.*

Benito Pérez Galdós (1843-1920), canario de nacimiento y madrileño de adopción*, está considerado como el novelista español más importante después de Cervantes. Ningún aspecto de su tiempo escapó a la mirada de este profundo observador. El hizo por España lo que Balzac había hecho por Francia.

Su extensa producción narrativa se subdivide en dos épocas, «Novelas de la primera serie» y «Novelas contemporáneas». Ha historiado la vida nacional del siglo XIX, en sus aspectos bélicos* y políticos, a través de una serie de novelas agrupadas en series y conocidas por *Episodios Nacionales*. Cultivó el teatro con éxito y otros géneros menores (memorias, cuentos, epistolario).

Comenzó haciendo novelas de tesis, polémicas todas, en un deseo de hacer un estudio de los males que aquejaban* a España. La existencia de dos corrientes, la tradicional y la liberal, enzarzadas* en luchas religiosas, sociales y políticas, motivan *Doña Perfecta* (1876), *Gloria* (1877), *Marianela* (1878) y *La familia de León Roch* (1878).

Las tres primeras se desarrollan en ambientes pueblerinos y provincianos, donde las luchas ideológicas son más visibles y revisten, en ocasiones, caracteres trágicos. Galdós no es objetivo, pues sus preferencias se inclinan por la corriente liberal y moderna, antitradicional y republicana.

Las «Novelas contemporáneas» revelan la madurez del autor. La inmensa mayoría de ellas transcurren en Madrid como centro de la vida española de la época. En el fondo, lo que se propone es hacer una crítica de la sociedad, de sus ambiciones y miserias, de su mediocridad* y pobreza intelectual.

La etapa que va de 1880 a 1890 es la más variada. El novelista está atento a las diversas corrientes narrativas y las asimila según ve la sociedad. Realismo y naturalismo se dan la mano, siempre con predominio del primero. Es imposible hacer un estudio detallado de cada una de las novelas. Las más interesantes, bien por el ambiente o la potencia de los personajes, son *El amigo Manso* (1882), historia de amor y pedagogía; *La de Bringas* (1884), excelente cuadro de las ambiciones de la clase media; *Fortunata y Jacinta* (1886-1887), novela épica no sólo en la visión de la vida madrileña, sino en la personal de dos mujeres, la amante apasionada y la esposa; *Angel Guerra* (1890-1891), monumental visión de una revolución fracasada, descripción de la romántica Toledo en una historia inverosímil de amor y muerte.

A partir de 1890, la narrativa galdosiana se espiritualiza hasta llegar al simbolismo. Es la época de *Nazarín* (1895), *Misericordia* (1897) y la serie sobre *Torquemada*, figura impresionante de prestamista* avaro. La segunda novela, historia de las gentes sin historia, mendigos* y pobres vergonzantes*, supone el momento culminante de su capacidad creadora.

Galdós no es un estilista; su lengua es directa, expresiva, arrancada del pueblo que la habla, como la cervantina. Su fuerte radica en la capacidad para crear ficciones, animar ambientes e inventar personajes. Su pasión fue España y en su comprensión y estudio se esforzó denodadamente*.

madrileño de adopción: como si hubiera nacido en Madrid.
bélicos: guerreros.
aquejaban: llenaban de dolor.
enzarzadas: discutir, pelear.
mediocridad: poco inteligente.
prestamista: el que presta dinero a otro.
mendigo: que pide para comer.
vergonzante: que siente vergüenza.
denodadamente: con valor.

Leopoldo Alas, «Clarín».

Está considerado como el mejor dramaturgo del siglo XIX. Parte de su teatro procede de las propias novelas, como *Realidad;* en otras ocasiones, el drama precede a la narración, tal sucede con *El abuelo,* y un tercer grupo nació para y por el teatro. *Santa Juana de Castilla, La loca de la casa, Electra,* completan su extensa gama* de comedias y dramas. Galdós crea un teatro psicológico enfrentado a otras corrientes dominantes. No le interesaba ni la «alta comedia» ni el drama retórico «neorromántico», sino el análisis del alma humana, sus problemas y el enfrentamiento con las convenciones sociales.

Leopoldo Alas («Clarín», 1852-1901), catedrático de Derecho, periodista, crítico, poeta, dramaturgo, novelista y ensayista, está considerado uno de los escritores más cultos de su época. Nació en Zamora, pero pasó la mayor parte de su vida en Oviedo.

La labor crítica de «Clarín» está recogida en una serie de volúmenes titulados *Solos* y *Paliques.* Colaboró en los periódicos y revistas más prestigiosos* de su tiempo. Nada escapó a su mirada penetrante. Lector infatigable, nos puso en contacto con varias culturas, hasta el punto de ser considerado el guía cultural de las nuevas generaciones. Su crítica es mordaz* y aguda.

Dio un repaso a todas las grandes creaciones de la época. Sus páginas sobre los novelistas franceses del momento son luminosas. También lo es la

gama: variedad.
prestigiosos: importantes por la calidad de su contenido.
mordaz: crítica muy violenta.

extensa reseña* que publicó sobre Baudelaire. Se especializó en crítica teatral. Fue un espíritu independiente e insobornable*.

Su fama se reduce hoy a una novela extensa, que la crítica más responsable considera una obra maestra, *La Regenta* (1884-1885), visión implacable* de la vida provinciana observada a través de una ciudad concreta, Oviedo.

Se la considera una novela naturalista. Lo es en parte. El determinismo ambiental juega un papel de primer orden, pero eso no lo es todo. El análisis en profundidad de varios personajes, la protagonista Ana Ozores, el galanteador* Alvaro Mesía, el eclesiástico Fermín de Pas, la abundancia de monólogos interiores («subterráneo fluir de la conciencia»), la observación minuciosa de los ambientes eclesiásticos y clericales, el mundillo del casino*, los paseos domingueros, las tertulias de sociedad, predominan sobre los procedimientos naturalistas. Es la novela de una ciudad, síntoma del modo de vivir, monótono y aburrido, propio de cualquier lugar de España.

«Clarín» está considerado como el mejor autor de cuentos de nuestras letras. Sus diversas colecciones, así como determinadas novelas cortas, constituyen ejemplos antológicos. Sintió especial predilección por el mundo de los niños, los personajes pintorescos y las gentes humildes. Pasó de una visión negativa, satírica e implacable de la sociedad, a una concepción más humana y delicada.

Su cuento más universal es *¡Adiós, Cordera!*, pero también son dignos de recuerdo *Pipá, Doña Berta, Cuervo* y *Superchería*. Muchos de sus cuentos están recogidos en dos colecciones, *Cuentos morales* y *El gallo de Sócrates*.

Otros novelistas

El costumbrismo alimentó una poderosa corriente regional. Los escritores locales trataron de hacer patente las características de una determinada región, así como de destacar la idiosincrasia* de sus gentes.

Aparece una importante novela regional que, unida a tendencias naturalistas, neorrealistas y otras de menor importancia, dan una riqueza insospechada al panorama narrativo del siglo XIX.

El santanderino José María de Pereda fue capaz de crear narraciones y relatos cortos de gran fuerza expresiva, hasta el punto de que alguna de sus novelas se considera modelo de lo que debe ser una épica regional.

Sotileza (1884) es, por encima de todo, la novela del mar Cantábrico, y *Peñas arriba* (1895) la de la Montaña santanderina. Fue un escritor bien dotado para las descripciones de paisaje y las escenas de sabor popular.

Hizo novelas más ambiciosas, al estilo de la de los grandes maestros, como *De tal palo tal astilla* (1880), mas siempre será recordado en nuestras letras por sus narraciones regionales.

La condesa Emilia Pardo Bazán (1851-1921), coruñesa de nacimiento, buena conocedora de la cultura literaria de su tiempo, sobre todo del naturalismo, es escritora de mayor empeño* y superior calidad. Llegó a ser catedrática de la Universidad Central.

reseña: examen de una obra literaria.
insobornable: que no acepta dinero u otra recompensa.
implacable: que no perdona.
galanteador: figura de don Juan.
casino: club o sociedad de hombres.
idiosincrasia: modo o manera de ser.
empeño: deseo de conseguir algo.

El mundo gallego encontró su cauce en dos espléndidas novelas de marcado carácter naturalista, *Los pazos de Ulloa* (1886) y *La madre Naturaleza* (1887), visión completada en *El cisne de Villamorta* (1885) y en relatos de poca extensión *(Insolación y Morriña)*.

Uno de sus libros más polémicos fue *La cuestión palpitante* (1883), fruto de sus lecturas y viajes, manual del naturalismo español y audaz en muchos planteamientos culturales y sociales. La reacción de la escritora hacia posiciones más conservadoras se observa en sus últimas creaciones literarias, *La Quimera* (1905) y *La sirena negra* (1908).

Otro novelista fue Armando Palacio Valdés (1853-1938), asturiano y frecuentador del Ateneo madrileño, donde durante años animó una interesante tertulia* literaria.

Palacio Valdés escribe para un público amplio. Por ese motivo sus ficciones son agradables. Concibe la vida como un camino lleno de felicidad, sus personajes son bondadosos por naturaleza; oculta o atenúa* los males. Una sana alegría recorre la intriga de sus novelas amorosas o psicológicas. La crítica quiere ver en su narrativa una tendencia hacia fórmulas realistas superadas, aunque resueltas con habilidad y señorío.

Su novela más famosa fue *La hermana San Sulpicio* (1889); bordea el folletín en *Riverita* (1886) y *Maximina* (1887). Acierta cuando se aproxima al mundo de los humildes y desheredados, como ocurre en *José* (1885) y *La aldea perdida* (1903).

El valenciano Vicente Blasco Ibáñez (1867-1928), el más universal de nuestros novelistas por razones ajenas a su condición de creador, es un maestro en la descripción de ambientes levantinos*. Su naturalismo se suaviza por la fuerza trágica de sus personajes, la belleza de los paisajes, las minuciosas descripciones coloristas no siempre verosímiles.

Su producción narrativa es muy extensa. Lo mejor de Blasco se encuentra en cuatro novelas aparecidas en los comienzos de su carrrera literaria: *Arroz y tartana* (1894), *Flor de mayo* (1895), *La barraca* (1898) y *Cañas y barro* (1902).

Sus ideas políticas, libertarias y exaltadas, defensor a ultranza* de la república como sistema de gobierno, le hizo inclinarse a corrientes socializantes y proletarias. Fueron famosas sus expediciones a Argentina para tratar de establecer en tierras incultas a gentes desheredadas y poner en práctica sus ideas utópicas*.

Furibundo* defensor de los aliados en la Primera Guerra Mundial, puso su pluma al servicio de una causa, la antibelicista y democrática. A partir de ese momento empezó una carrera de éxitos editoriales. Su residencia en la Costa Azul y sus continuos viajes propagandísticos por todo el mundo explican el éxito y la fama alcanzados en vida. Recordemos de su época triunfante *Los cuatro jinetes del Apocalipsis* y *La vuelta al mundo de un novelista* (1927).

tertulia: reunión de escritores o amigos.
atenuar: reducir, hacer menores o más pequeños.
levantina: región española perteneciente a Valencia.
ultranza: por encima de todo.
utópicas: que no son prácticas.
furibundo: dominado por la furia.

CUESTIONES

1. ¿Qué movimiento literario se impone a mediados del siglo XIX? ¿Y a finales de siglo?
2. ¿Qué domina en la alta comedia? ¿Y en el drama positivista?
3. ¿Recuerdas los nombres de formas literarias populares propias del siglo XIX?
4. ¿Por qué dos regiones españolas entra el Romanticismo? ¿Cuáles fueron sus medios de difusión? ¿Quiénes contribuyeron definitivamente a su implantación?
5. ¿A qué generación romántica pertenece Larra?
6. ¿Qué critica Larra en *Vuelva usted mañana*? ¿Qué otras costumbres españolas critica?
7. ¿Qué forma utilizó Larra para su crítica? ¿Qué otros géneros literarios cultivó?
8. ¿Qué ocurrió en 1835? ¿Recuerdas el título de la obra estrenada?
9. ¿Quién fue el autor de *Los amantes de Teruel*? ¿Y de *El desengaño en un sueño*?
10. ¿Cómo es el drama romántico?
11. ¿Recuerdas el título del mejor poema de amor de nuestro romanticismo? ¿Quién fue su autor?
12. ¿Qué dos obras escribió Espronceda dentro de la poesía narrativa?
13. ¿A qué poeta inglés imitó Espronceda? ¿Hasta dónde llegó su influencia?
14. ¿Qué rasgos caracterizan la poesía de José Zorrilla?
15. ¿Podrías citar una obra dramática muy conocida de José Zorrilla? ¿De dónde tomaría el tema para su *Don Juan Tenorio*? (Lee el teatro del siglo XVII.)
16. ¿Quién es el gran lírico de la tercera generación romántica?
17. ¿Recuerdas lo que escribió en verso? ¿Y en prosa?
18. ¿Cómo es el léxico de la poesía becqueriana? ¿Dónde radica la «clave» de su poesía? ¿A quiénes imita?
19. ¿Recuerdas el título de alguna leyenda becqueriana? ¿Qué se encuentra en las *Leyendas*?
20. ¿En qué poetas y en qué generación del siglo XX influyó Bécquer?
21. ¿Qué género literario se impone en la segunda mitad del siglo XIX?
22. ¿Qué escritora inicia la novela realista? ¿Y qué escritor la continúa?
23. ¿Qué clase social retrata Fernán Caballero? ¿Qué intención lleva Pedro A. de Alarcón a sus novelas extensas?
24. ¿Quiénes son los tres grandes novelistas de nuestro siglo XIX?
25. ¿Cuál es la novela más famosa de Juan Valera? ¿Qué narra en ella?
26. ¿Recuerdas cuál fue su lema preferido?
27. ¿Por qué utiliza Valera cartas dentro de sus novelas?
28. ¿Cómo llamó Pérez Galdós a sus novelas agrupadas en series? ¿Qué cuenta en dichas series?
29. ¿Cómo son las novelas de su primera época? ¿Recuerdas el título de alguna? ¿Qué ambientes describen?
30. ¿Qué narra Pérez Galdós en *Fortunata y Jacinta*? ¿Y en *El amigo Manso*?
31. ¿Cómo es la lengua literaria de Pérez Galdós?
32. ¿Cuál es la obra maestra de «Clarín»?

33. ¿Recuerdas el nombre de los tres protagonistas de *La Regenta*? ¿Qué ambiente describe en dicha novela?
34. ¿En qué otro tipo de obra narrativa se hizo famoso «Clarín»?
35. ¿Qué región describe José M.ª Pereda en sus novelas? ¿Y Emilia Pardo Bazán? ¿Y Vicente Blasco Ibáñez?
36. ¿Recuerdas qué trata Emilia Pardo Bazán en *La cuestión palpitante*?
37. ¿Cómo es la novela de Armando Palacio Valdés?

7. Siglo XX

El siglo XX

Parte de la crítica considera que el siglo actual constituye para nuestras letras una nueva edad de oro. La cultura literaria se abre con un movimiento que abarca España y América, el *modernismo,* brillante y cosmopolita*. Simultáneamente, un conjunto de escritores mira hacia adentro tratando de denunciar nuestros males, la *Generación del 98.*

A partir de 1910, la vida literaria se complica. Los historiadores de la literatura han creado el término *novecentista* para nombrar a una serie de escritores de transición, difícilmente clasificables. Destaca la figura del «maestro» Juan R. Jiménez. Aparecen los síntomas* de la vanguardia (surrealismo, creacionismo, ultraísmo, poesía pura...). El filósofo José Ortega y Gasset reúne a través de la *Revista de Occidente* a los más selectos pensadores.

En la década de los veinte aparece la *Generación del 27,* momento culminante de la lírica. Comienza la renovación del teatro. Se clarifican todas las tendencias anteriores.

La Generación de la República supone nuevos rumbos, con predominio de lo colectivo y socializante. La novela, casi ausente, hace su aparición. El teatro adopta nuevas tendencias y manifiesta otras inquietudes. Esta generación se dispersa a causa de la guerra civil. Sus mejores representantes marcharán al exilio (Francia, Inglaterra, México, Argentina...). Fuera de España darán a conocer la mayor parte de sus creaciones.

A partir de 1940, la cultura literaria comienza penosamente, sobre todo por cuanto respecta a la novela y teatro. La poesía cuenta con la ayuda de los viejos maestros del 27, sobre todo Dámaso Alonso. Aparecerán voces nuevas.

La novela es al comienzo fruto de grandes individualidades. En la década de los cincuenta se interesa por inquietudes colectivas, sociales y políticas. La renovación comienza en los años sesenta con la entrada de las corrientes experimentales. Hoy es muy difícil predecir su futuro. Abiertos los novelistas a infinidad de tentaciones, la influencia francesa o norteamericana es sustituida por otra más hispánica procedente de América.

Abundan los nombres y las obras. Es imposible una selección justa y equilibrada. Sólo el tiempo ordenará esta selva*, hoy por hoy inclasificable.

El Modernismo

Es un movimiento literario nacido en América y traído a España por el poeta nicaragüense Rubén Darío (1867-1916). La intención de los modernistas

---

cosmopolita: universal, propio de la gran ciudad.
síntomas: señal o comienzo de algo.
selva: confusión, cantidad de nombres o de cosas.

Vázquez Díaz:
Rubén Darío como monje.

fue la de renovar la poesía española, que en el último tercio del siglo XIX se encontraba en un callejón* sin salida. Ni el realismo de Ramón de Campoamor ni el parnasismo de Gaspar Núñez de Arce tenían el empuje suficiente. Algún poeta intentaba la renovación con escasa visión de futuro, como Salvador Rueda. La salvación vino de América.

Rubén Darío (Félix Rubén García Sarmiento), lector de los clásicos y medievales, entró en contacto con la poesía francesa (simbolismo) a través de la obra de un poeta salvadoreño, Francisco Gavidia. En su etapa inicial, había hecho poesía circunstancial de escasa calidad, en la misma línea realista que Campoamor. Comenzó a cambiar bajo la influencia de Bécquer y el conocimiento de las obras de poetas americanos precursores de su lírica: José Martí (cubano), Manuel Gutiérrez Nájera (mexicano), José Asunción Silva (colombiano).

Su primer libro modernista fue *Azul* (1888). Se observa en él una clara influencia de lecturas francesas, un arte exquisito, gusto por temas aristocrá-

callejón: calle estrecha.

ticos, rico cromatismo*, selección de elementos. Obra en prosa y verso, decadente y estilizada, es el pórtico* de la renovación.

Prosas profanas (1896) significa la consagración. La poesía española adquiere caracteres brillantes por la variedad de sus temas y la extraordinaria calidad rítmica y musical de los poemas. Aparecen poetizadas culturas extrañas (India, China, Japón), los poemas se llenan de lujuriosos jardines versallescos*, vieneses; damas aristocráticas y galantes caballeros pueblan un mundo mágico de exaltada fantasía. El cisne se eleva a categoría de símbolo. Rubén crea neologismos*, metáforas, sinestesias* y adopta metros y estrofas inusuales* en la tradición poética española.

Cantos de vida y esperanza (1905) representa el triunfo final del modernismo. Lo cosmopolita y universal se dan la mano con lo íntimamente español y americano. Aparece un Rubén más reflexivo y más bellamente formal, si bien en ocasiones prefiere la soledad expresiva.

A partir de este libro, su capacidad creadora disminuye. Los cancioneros restantes, *Poema de otoño* (1910), *Canto a la Argentina* (1910), no tienen la fuerza innovadora de los anteriores, pero se pueden espigar* poemas geniales, fruto de un destello* luminoso de inspiración.

El modernismo fue movimiento efímero*, duró quince años, mas su trascendencia es innegable. No hubo poeta de principios de siglo que no se sintiera atraído por la magia verbal rubendariana. Los estudiosos reconocen la existencia de tres escuelas modernistas, la andaluza, la canaria y la castellana. Centraremos nuestra atención en el poeta mejor dotado de esta escuela.

Manuel Machado (1874-1947), sevillano como su hermano Antonio, sintió más hondamente su tierra natal y la hizo poesía en multitud de cancioneros.

Comenzó imitando el estilo preciosista* de los decadentes hasta ir afianzándose poco a poco en la estética modernista. Un libro inicial, *Alma* (1900), define el alma de un hombre sensitivo, aficionado al color y la música, cantor del pueblo andaluz, de la mujer y el amor, el placer de la vida. También fue capaz de inspirarse en motivos más elevados, bien literarios o pictóricos.

Con el transcurso del tiempo, olvidado el modernismo, desaparecida la bohemia* de principios de siglo, Machado se inclinó hacia el intimismo y la religiosidad. Estas nuevas tendencias se observan en una obra fundamental, *Horas de oro. Devocionario poético* (1938). Después de la guerra civil, su poesía, anclada en el pasado, no evolucionó hacia las nuevas inquietudes, sino que es muestra de un visible cansancio.

Durante años, y en colaboración con su hermano, escribió para el teatro. Por el carácter modernista, superficial y folklórico de algunas de las comedias, la crítica sospecha que la mayor parte de esas obras le pertenecen. Des-

---

cromatismo: referido al color, riqueza de color.
pórtico: comienzo, prólogo.
versallescos: derivado del Palacio de Versalles.
neologismo: palabra procedente de otra que posee la propia lengua (de soledad sale el neologismo *soledoso*).
sinestesias: imágenes y metáforas que entran por los sentidos.
inusuales: extrañas, de escaso o raro uso.
espigar: escoger lo mejor.
destello: movimiento de la luz de las estrellas.
efímero: que dura muy poco.
preciosista: exagerado, decadente (se refiere al estilo de fines del siglo XIX).
bohemia: vida nocturna de los artistas.

tacaremos *La Lola se va a los puertos, Juan de Mañara* y *La duquesa de Benamejí.*

Algunos de sus mejores poemas se encuentran en cancioneros muy desiguales; por eso, su poesía ha de ser seleccionada y extraída de obras como *Caprichos* (1905), *El mal poema* (1909), *Cante hondo* (1912) y *Ars moriendi* (1921).

La Generación del 98

Tuvo su origen en el descontento nacido a causa del desastre del 98 (guerra contra los Estados Unidos y pérdida de Cuba, Puerto Rico y Filipinas). Los componentes de esta generación ahondan en las consecuencias de la derrota y en la decadencia de las virtudes cívicas, morales y culturales del país.

Su raíz lejana hay que buscarla en las corrientes «regeneracionistas» del siglo XIX y en la obra de figuras aisladas como la de Angel Ganivet (1865-1898), cuyo *Idearium español* supone un claro antecedente.

Los rasgos que caracterizan a esta generación son los siguientes:

1) Un nuevo concepto de España. Para unos es problema de europeización, de ponerse culturalmente a la altura de las naciones occidentales. Para otros, como M. de Unamuno, consiste en una renovación de lo tradicional hispano.
2) Profundo amor y comprensión de Castilla como alma y ser de España. Hombres y paisaje castellanos serán motivos de excelentes novelas y agudos ensayos. Ninguno de los hombres importantes del 98 es castellano. Dos son vascos, uno levantino, otro andaluz y otro gallego.
3) Acusado individualismo, a pesar de las coincidencias temáticas y espirituales.
4) Aficionados a la reflexión y buenos lectores de nuestra cultura pasada, tuvieron como guía al pesimista F. Nietzsche. En líneas generales sintieron pasión por la filosofía, la crítica literaria y la historia.
5) Reaccionan contra el positivismo del siglo anterior y tratan de profundizar en el ser de España.
6) Crean un estilo sencillo y sobrio, no exento de elegancia y fuerza expresiva.
7) Su ideología más próxima fue la liberal de tono socializante. En su juventud cayeron en el anarquismo*, pero fueron evolucionando hacia actitudes más conservadoras. Su sistema ideal de gobierno fue el republicano.
8) Indiferentes o apasionados por los problemas religiosos, pasaron del anticlericalismo (Azorín, Baroja) a una concepción cristiano-existencial de la vida al margen de la religión oficial (Unamuno y Machado). Para otros (Valle-Inclán y el Azorín de la madurez), la religión fue fuente de placer estético.
9) Apasionados cervantistas hicieron de don Quijote un símbolo. Respetaron y admiraron a los escritores medievales, a ciertos clásicos (Quevedo, Gracián) y a figuras aisladas (Cadalso y Larra).

Cada escritor tiene su estilo propio y da a sus obras un sello inconfundible. Unamuno es el pensador y filósofo. Azorín, ensayista. Baroja, novelista.

anarquismo: tendencia que no acepta la ley ni el orden social.

Machado, poeta, y Valle-Inclán fue hombre polifacético*, puente entre modernismo, 98 y nuevas tendencias.

Miguel de Unamuno (1864-1936)

Vasco de Bilbao, se identificó con el espíritu castellano cuando, obtenida la cátedra de griego de la Universidad de Salamanca, se estableció en dicha ciudad, donde moriría al comienzo de la guerra civil.

Su compleja ideología la expresó en ensayos, novelas, teatro y poesía. Dentro del primer grupo hay tres obras importantes, *Vida de don Quijote y Sancho* (1905), *Del sentimiento trágico de la vida* (1913) y *La agonía del cristianismo* (1925).

Serrano:
Unamuno.

En ellas se encuentra su pensamiento: una concepción trágica y agónica* de la vida, de su propia vida, expuesta con una pasión dialéctica* que convence al lector. Todos sus problemas se reducen a uno, la imposibilidad de conciliar* razón y fe. Por eso se cuestiona la relación entre inteligencia y sentimiento, inmortalidad del alma, existencia de Dios, divinidad de Cristo. La vida es para Unamuno una perpetua lucha, una contradicción existencial. San Pablo, San Agustín, Blas Pascal y Soren Kierkegaard constituyen la base de su complejo pensamiento.

Sus novelas son complementarias de los ensayos. *Paz en la guerra* (1897) es el punto de partida de su concepto de «intrahistoria», lo permanente y cotidiano en los pueblos. *Niebla* (1914), la necesidad del otro y la inmortalidad. *La tía Tula* (1921), el problema de la maternidad. *San Manuel Bueno, mártir* (1933), la angustia creada por la duda en las verdades de fe, sobre todo en la inmortalidad del alma. Sus novelas son esenciales, conflictivas. Recuerdan el esquematismo de las tragedias griegas.

polifacético: que tiene obras muy diversas.
agónica: propia de la agonía (palabra inventada por Unamuno).
dialéctica: discusión de la verdad o de los principios filosóficos.
conciliar: unir, relacionar con lógica.

Unamuno no fue hombre de teatro, o al menos no se preocupó por los problemas de la escena, sino que le interesó poner ante los ojos del espectador su complejo mundo de ideas. Los personajes son encarnadura* del autor. Su obra cumbre es *Fedra* (1910).

El paisaje rural y urbano, producto de sus viajes por tierras españolas, se encuentra en dos libros, *Por tierras de Portugal y España* (1911) y *Andanzas y visiones españolas* (1922). Unamuno proyecta en estas obras su amor hacia el humilde campesino castellano en su lucha diaria con una naturaleza que lo ha hecho sobrio y duro.

Tampoco es poeta armonioso, sino profundo; su lírica es meditación y reflexión. El amor, la muerte, sus problemas religiosos, el paisaje castellano, motivos cotidianos, constituyen el eje* temático. Esta poesía existencial cobrará vital importancia en la posguerra. Su cancionero más original, *El Cristo de Velázquez* (1920), es una extensa meditación poética nacida ante la contemplación del cuadro velazqueño que se encuentra en el Museo del Prado.

Pío Baroja (1873-1956)

Vasco de San Sebastián. Infancia en Pamplona, juventud en Madrid y viajero entre Castilla, su tierra vasca y Francia. Espíritu anárquico e independiente, burlón y pesimista, encontró en la novela el medio más apto para exponer sus ideas.

Baroja tiene un concepto muy negativo de la sociedad del siglo XX. A la española la considera clericalista*, injusta, apegada a una moral muerta, dominada por una burguesía decadente. Por eso sus personajes son abúlicos*, incapaces de salvación, inactivos y un tanto románticos e idealistas, pero de un idealismo fuera de tono.

Es un escritor intuitivo; su anarquismo vital lo lleva a la novela mal estructurada pero llena de fuerza. Muy hábil en la intriga y bien capacitado para inventar historias.

No es un estilista, ni su castellano puede ponerse de modelo, si bien le salva la fuerza de sus criaturas, la potencia que da lo espontáneo* y la sencillez de su pensamiento. Baroja es escritor directo, que dialoga con el lector a través de sus ficciones.

Las novelas se agrupan en trilogías (tres novelas) o se integran en un conjunto monumental titulado *Memorias de un hombre de acción* (22 novelas y una biografía), cuyo protagonista, Eugenio de Aviraneta, fue un pariente lejano del autor.

Se dio a conocer a principios de siglo con *Tierra vasca* (1903-1909), amplia visión de su mundo vasco agitado por las guerras «carlistas». A ella pertenecen *La casa de Aizgorri* y *Zalacaín el aventurero*. Una de las trilogías más importantes es *La lucha por la vida,* constituida por tres excelentes novelas: *La busca,* relacionada con la tradición picaresca; *Mala hierba* y *Aurora roja.* La trilogía se desarrolla en Madrid y tiene amplias vinculaciones sociales.

La novela más típica del 98 es *El árbol de la ciencia* (1911), cuyo protagonista, sombrío y dominado por el pesimismo, termina suicidándose.

encarnadura: que proceden, que nacen, que se ha hecho carne.
eje: idea central, motivo más importante.
clericalista: aficionado a las cosas de la Iglesia.
abúlicos: faltos de voluntad.
espontáneo: lo natural, lo sencillo.

La novela más poética es *Las inquietudes de Shanti Andía* (1911), reencuentro con su tierra vasca a través de las aventuras de un marinero nostálgico*.

Si queremos conocer en profundidad el pensamiento barojiano conviene leer una autobiografía novelesca, *Juventud, egolatría* (1917) y un extenso libro de memorias, *Desde la última vuelta del camino*.

José Martínez Ruiz (Azorín, 1873-1967)

Consagró su vida al periodismo y a la creación literaria en su triple faceta de novelista, ensayista y dramaturgo.

Los grandes problemas, motivos centrales de su labor, fueron el tiempo como dimensión, la vida cotidiana y España en su paisaje y en su pasado. Aunque su estilo esté superado, Azorín es un clásico de la lengua. Posee un léxico riquísimo, gusta de los arcaísmos, sintaxis de la yuxtaposición, y recrea con un lenguaje recoleto* un mundo lleno de sensibilidad y emoción. Es un poeta en prosa.

La actitud noventayochista aparece en sus novelas levantinas *La voluntad* (1902) y *Las confesiones de un pequeño filósofo* (1904), de carácter autobiográfico. Sus narraciones más completas son *Don Juan* (1922) y *Doña Inés* (1925). Las novelas azorinianas carecen de acción; son estampas íntimas de personajes escapados a su tiempo, recogidos en pueblecitos castellanos. Parecen novelas impresionistas de técnica descriptiva.

Nadie como él puso de moda la lectura de los clásicos y románticos. Aplicó su sensibilidad poética a la comprensión de nuestro pasado literario. No profundiza en él, pero sabe presentarlo de un modo sensible y entrañablemente* humano. Recordemos *Clásicos y modernos* (1913) y *Al margen de los clásicos* (1915).

La visión lírica de España ha quedado inmortalizada en un conjunto de libros de alto valor estético. Las páginas de *Castilla* (1912), *Los pueblos* (1905), *La ruta de don Quijote* (1905), suponen la perfecta unión del alma y el paisaje. Nada tan bello como la evocación* «proustiana» del tiempo eterno en relatos llenos de emoción y ternura, sentimiento y nostalgia; así nos parecen los titulados «Las nubes» y «Una ciudad y un balcón» del citado libro *Castilla*.

Antonio Machado (1875-1939)

Sevillano de nacimiento y castellano de corazón:

> Mi infancia son recuerdos de un patio de Sevilla,
> y un huerto claro donde madura el limonero;
> mi juventud, veinte años en tierra de Castilla;

Así se define el hombre, catedrático de Francés de los Institutos de Soria, Baeza y Segovia. Formado en la Institución Libre de Enseñanza y poeta por vocación. Dedica sus últimos años a la reflexión filosófica escondido tras los seudónimos de Juan de Mairena y Abel Martín.

En 1903 publicó su primer cancionero, *Soledades*, ampliado años después con el título definitivo de *Soledades, galerías y otros poemas*.

---

nostálgico: triste y sentimental.
recoleto: recogido e íntimo.
entrañablemente: profundamente, en lo más hondo del corazón.
evocación: recuerdo.

Retrato de los Machado.

El modernismo se da la mano con la sencillez y sobriedad, que serán notas dominantes en su quehacer poético posterior. Toda la rica simbología del creador (el espejo, el árbol, el camino, el sueño, el cristal y la fuente) completan un mundo original lleno de sentimiento. Conforme nos adentramos en el cancionero vemos cómo dominan la nota íntima y el gusto por los temas más profundamente humanos.

Este libro está dividido en dos partes, la inicial, *Soledades,* más influida por el modernismo; en la segunda, *Humorismos, Fantasías, Apuntes,* predomina la desnudez y lo conceptual.

Su cancionero más importante es *Campos de Castilla* (1912), síntesis del 98 en su concepción pesimista de España, en la valoración del paisaje castellano sorprendido en tierras de Soria, en la evocación de figuras entrañables como la de su maestro Francisco Giner de los Ríos. Un poema narrativo, *La tierra de Alvar González,* es la contribución machadiana al romancero. La lengua se hace más austera* y precisa.

Nuevas canciones (1924) cierra el primer ciclo. Está constituido este poemario por un conjunto extenso de poemas breves y sentenciosos, de carácter popular y raíz andaluza. El tiempo, Dios, la vida y el sueño, el humor y la sonrisa se dan la mano con el refranero* y la reflexión filosófica.

Es A. Machado el lírico más hondo de nuestra poesía contemporánea y el de más perdurable influencia.

austera: pobre en recursos formales, escasez de léxico.
refranero: conjunto de los refranes propios de un país.

Ramón M.ª del Valle-Inclán (1866-1936)

Escritor gallego, representante de la bohemia fin de siglo, viajero por tierras de Europa y América, pasó del modernismo decadente a la visión de la España negra retratada antes por Goya y, en su tiempo, por el pintor Solana.

Su extensa obra, poesía, novela, teatro, crítica, se divide en dos épocas perfectamente diferentes. La primera arranca de las corrientes poéticas del siglo XIX, simbolismo, modernismo e impresionismo. La segunda, en conexión con el grupo del 98, preludia* el vanguardismo y otras formas afines.

Pertenecen a su primera época las *Sonatas* (1902-1904), escritas en una prosa sensual y decorativa*. Una exquisita musicalidad vive en las cuatro historias de amor del marqués de Bradomín. El ambiente gallego se encuentra en *Flor de santidad* (1904) y *Comedias bárbaras* (1907-1922). También pertenece a esta manera preciosista el cancionero *Aromas de leyenda* (1907) y las obras teatrales *La marquesa Rosalinda* (1913) y *Divinas palabras* (1920).

A partir de 1920, Valle cambia hacia formas más densas y comprometidas. La España trágica se le hace presente y nos la traza con pasión y humor negro en sus «farsas» y «esperpentos». Las novelas de *El ruedo ibérico* (1927-1928), *Tirano Banderas* (1926), una de las mejores narraciones sobre el México de su juventud; los cancioneros *La pipa de Kif* (1919) y *El pasajero* (1920); *Los cuernos de don Friolera* (1921) y el genial *Luces de bohemia* (1920), entre los esperpentos, representan su segundo estilo.

Valle-Inclán, genial estilista, es un escritor multiforme, colorista y musical siempre.

Una época de transición

Esta época tiene su origen en las tendencias fin de siglo, pero a causa de la independencia de sus componentes miran hacia el futuro, y cada uno aporta algo nuevo además de profundizar en lo que existe.

Muchas son las figuras de transición. Pueden agruparse en dos generaciones. La primera, exclusivamente literaria, se conoce con el nombre de «novecentista» o generación de 1910-1920. La segunda, agrupada en torno a José Ortega y Gasset, se preocupa por problemas filosóficos y culturales.

La figura central de este período es la del poeta Juan R. Jiménez (1881-1958), el «andaluz universal» atento a todas las innovaciones del momento y maestro de las generaciones más jóvenes. Pasó por el modernismo, simbolismo, impresionismo, poesía pura y aceptó procedimientos propios de las escuelas de vanguardia.

En su primera época se perciben dos tendencias. Una suave influencia modernista adornada con cierto sentimentalismo fin de siglo, delicada musicalidad y rico cromatismo (predominio de los colores violetas y malvas) marcan el primer momento. Romanticismo y modernismo se dan la mano en *Arias tristes* (1903), *Pastorales* (1905) y *Baladas de primavera* (1907).

Junto al jardín, los atardeceres y los niños, aparecen los variados matices* del campo andaluz. Se trata de una poesía melancólica e imprecisa.

La segunda tendencia supone mayor elaboración. Dominan los sonetos y poemas escritos en verso de origen francés (alejandrinos). Es una lírica apasio-

---

preludia: anuncia, adelanta una idea o un movimiento.
decorativa: llena de color, de luz.
matices: tono especial.

nada y llena de un colorido variadísimo (verde, oro, blanco...). Las *Elejías puras* (1908) y *La soledad sonora* (1908), así como su libro más universal *Platero y yo* (1914), pertenecen a este período.

A partir de 1915, su poesía se hace más desnuda, libre de anécdota, sin color, con nuevos ritmos y musicalidades. Toda la importancia se centra en la «palabra poética». Este segundo estilo aparece en *Diario de un poeta recién casado* (1916), conocido también como *Diario de poeta y mar,* y llega a su momento culminante con *La estación total* (1946).

Juan Ramón es el poeta de la perfección, de la búsqueda de la belleza absoluta; su obra fue una constante lucha con la palabra hasta dar con el nombre exacto de las cosas. Dedicó su creación a la «minoría siempre».

La novela está representada por el alicantino Gabriel Miró (1879-1930) y el asturiano Ramón Pérez de Ayala. El primero nace al mundo de la creación novelesca de la mano del naturalismo y simbolismo del siglo XIX para ir evolucionando hacia formas más íntimas y poéticas relacionadas con el posmodernismo e impresionismo.

Miró es el pintor de los paisajes alicantinos, mediterráneos. Detiene su mirada en las almas de sus personajes y proyecta su cámara* hacia los objetos y cosas humildes. Son novelas donde la acción es mínima, pero se compensa esa pasividad con la belleza de las descripciones.

Las cerezas del cementerio (1910) definen una primera época apegada a fórmulas estéticas propias del momento. Una mayor depuración de estilo se observa en *Nuestro Padre San Daniel, El obispo leproso* (1925) y *Años y leguas* (1928).

La lectura emocionada de los Evangelios da lugar a un libro bellísimo de estampas bíblicas centradas en los personajes que vivieron la historia humana de Jesús, *Figuras de la Pasión del Señor* (1916).

R. Pérez de Ayala (1881-1962) ofrece una visión más intelectual de la narrativa. Profundiza en los personajes, los eleva a categoría de símbolos, utiliza las técnicas narrativas como el perspectivismo*, dota a sus palabras de doble sentido donde el humor juega un papel de primer orden. El propio escritor afirma que es necesario comprender todo lo creado y justificar cuanto existe por muy incomprensible que nos parezca.

La primera época, unida a corrientes decimonónicas, y a influjos de la psicología de moda, ha dejado alguna novela interesante, *Tiniebla en las cumbres* (1907), *La pata de la raposa* (1912) y *Troteras y danzaderas* (1913), perfecta evocación de la vida bohemia madrileña.

Su segunda época es más intelectual y simbólica. La novela *Belarmino y Apolonio* (1921) constituye un indudable acierto en su visión mordaz* de la vida contemplada por los ojos de dos zapateros pueblerinos. *Tigre Juan* (1926) y *El curandero de su honra* completan este momento que va declinando conforme el autor se adentra en la década de los treinta. A partir de entonces se dedica casi exclusivamente al ensayo y artículo periodístico.

Como buen discípulo de «Clarín», es también un excelente creador de relatos cortos y cuentos. En ellos predomina el tono poético, quizá por influjo de su amor a la poesía, a la que enriqueció con tres cancioneros de marcado signo posmodernista.

cámara: aparato de hacer cine o fotografía.
perspectivismo: visión variada de las cosas, personas o vida.
mordaz: cruel, terrible, satírica.

Ramón Gómez de la Serna (1891-1963), madrileño, es el escritor símbolo de la vanguardia. Hombre atento a cualquier innovación cultural, la aceptó e hizo suya con una facilidad asombrosa. Fueron famosas sus charlas* en el café «de Pombo», lugar de cita de los intelectuales de la época.

Ha escrito de todo y sobre todo. Es autor de novelas, de poesía en prosa, de artículos, ensayos eruditos, biografías, teatro. Ha paseado su estampa por todo el mundo y dado conferencias en los lugares más extraños y de la forma más ingeniosa.

En 1910 dio con la clave literaria que le había de permitir expresar todo su mundo interior. La llamó «greguería», y es una metáfora basada en el humor o en una ingeniosa asociación de ideas. El propio autor nos ha dejado varias definiciones:

a) La greguería es lo que gritan los seres confusamente desde su inconsciencia.
b) La greguería es el atrevimiento a definir lo indefinible o a capturar lo pasajero.
c) La greguería es lo único que nos pone tristes, cabezones, pesarosos y tumefactos* al escribirla, porque su autor juega mientras la compone y tira su cabeza a lo alto, y después la recoge.

Las diferentes creaciones de greguerías aparecieron a partir de 1918. Como novelista ha dejado *Seis novelas falsas* y *El torero Caracho* (1926). En *Automoribundia* (1948) ha recogido impresiones de su vida agitada y ha dejado páginas luminosas sobre numerosos compañeros de su generación.

El teatro cuenta con una figura de primer orden, Jacinto Benavente (1866-1954), madrileño. Recoge la herencia del siglo XIX y la depura por el camino de la elegancia y de la perfección técnica. Habilísimo en los diálogos, cayó en la trampa* de hacer concesiones a un público que comenzaba a serle fiel, la burguesía, cuyas ideas y problemas expuso en comedias amables o en dramas de hondo contenido.

Atacó a la alta burguesía y lo hizo con fino humor, por eso sus mejores dramas son un documento inestimable para conocer la sociedad española de los años 1910-1925. Su primer éxito lo consigue con *La noche del sábado* (1903) y durante un decenio dominó prácticamente la escena española. El drama rural *Señora Ama* (1908) y *Los intereses creados* (1909) marcan su momento más esplendoroso, aunque todavía en 1913 fue capaz de vitalizar el mundo pasional campesino con una trágica historia de pasión y muerte, de odios y complejos, *La Malquerida* (1913).

Mientras Benavente triunfaba año tras año, un teatro popular completaba el panorama escenográfico español. Los hermanos Serafín y Joaquín Alvarez Quintero llenaban los teatros con comedias costumbristas de tono andaluz. Carlos Arniches presentaba al público de Madrid sus propios defectos y virtudes. Manuel Linares Rivas resucitaba el teatro de tesis con dramas de corte psicológico. El gran desconocido fue Jacinto Grau, dramaturgo que buscó en la mejor tradición literaria temas de honda significación y supo resolverlos con habilidad y buen conocimiento de los recursos escénicos. *El conde Alarcos* (1917) y *El burlador que no se burla* (1930) pertenecen a lo más logrado de su variada producción dramática.

charlas: conversaciones.
tumefactos: hinchados.
trampa: engaño o mentira.

La Generación del 27

Formada a partir de 1920, significa la depuración de todas las tendencias y actitudes manifestadas en la década anterior. Todos sus integrantes eligieron la poesía como medio de expresión; secundariamente el teatro y el ensayo.

Esas tendencias fueron expuestas por José Ortega y Gasset en un libro luminoso, *La deshumanización del arte,* cuyas conclusiones pueden aplicarse a los miembros de esta generación. En líneas generales, Ortega venía a decir que el arte nuevo seguía estas tendencias:

1) Búsqueda constante de la originalidad que les llevaba desde el poema intrascendente, dotado de línea argumental y perteneciente a la narrativa, hasta la fórmula «hermética» comprensible solamente para lectores iniciados.
2) Aplicar rigurosamente el principio de «el arte por el arte». Creación de una nueva palabra poética, carencia de anécdota* y, por tanto, aceptación de los presupuestos de la «poesía pura».
3) Lucha contra el realismo, prosaísmo y romanticismo decadente. Sin embargo, algunos evolucionaron hacia corrientes realistas y hasta aceptaron una retórica romántica (V. Aleixandre).
4) Aceptación, en líneas generales, de un surrealismo humanizado; no como constante, sino en determinados momentos de su evolución creadora (García Lorca, Alberti, Cernuda, Aleixandre).
5) Innovaciones fugaces ligadas a lo más efímero del vanguardismo. El poeta más variado, Gerardo Diego, pagó tributo* a ciertos «ismos» de moda.
6) La lengua poética se sustenta sobre la metáfora con todas sus variantes posibles (imágenes, símbolos, alegorías).
7) Aceptan una escritura «onírica»* vinculada a las corrientes ultraístas, al caligramismo* de Appollinaire, a las audacias formales del chileno Vicente Huidobro. Recordemos las «greguerías» de R. Gómez de la Serna y los «aforismos» de J. Bergamín.

Pertenecen a esta generación Pedro Salinas, Jorge Guillén, Dámaso Alonso, Federico García Lorca, Gerardo Diego, Rafael Alberti, Vicente Aleixandre, Luis Cernuda y quizá Miguel Hernández. Hay otras muchas figuras de menor interés.

Casi todos, en distinta medida, sufren la influencia del modernismo y otros movimientos fin de siglo. Admiraron al romántico Gustavo A. Bécquer, al noventayochista A. Machado y reconocieron como maestro indiscutible a Juan R. Jiménez.

Como muchos de ellos fueron catedráticos de literatura, admiraron y gustaron de los clásicos. Ellos conmemoraron en Sevilla el centenario de la muerte de Góngora, acaecida en 1627. De este acontecimiento cultural ha tomado su nombre la generación.

Cultivaron junto a las más audaces novedades la poesía tradicional y popular. Enriquecieron el romancero por aceptar el verso libre y el «versículo»

anécdota: argumento pequeño.
tributo: impuesto, pasar por algo que no gusta.
onírica: relativa al mundo de los sueños.
caligramismo: poema que tiene forma geométrica. Deriva de los *Caligramas* (libro de poesías) de G. Appollinaire.

más amplio y libre de los inconvenientes propios del verso medido. Evolucionaron hacia corrientes más colectivas y sociales durante el período republicano. La generación se dispersó a causa de la guerra civil.

El grupo andaluz

Está constituido por Federico García Lorca, Rafael Alberti, Vicente Aleixandre y Luis Cernuda. La revista *Litoral* fue un medio importante de expresión para éstos y otros componentes del grupo (Emilio Prados, Manuel Altolaguirre).

F. García Lorca (1898-1936), granadino, es la figura más universal de la generación. Realizó estudios universitarios, fue apasionado de la música, aficionado a la pintura, poeta y dramaturgo. Su primera época, representada por *Libro de Poemas* (1921) y *Canciones* (1924), supone una inicial influencia modernista, para pasar a la esfera folklórica, popular, y al magisterio de Juan Ramón Jiménez.

Un segundo momento estaría representado por el *Romancero gitano* (1928), la versión definitiva de *Poema del cante jondo* (1931) y los primeros intentos teatrales. Domina en esta etapa creadora lo trágico, lo popular sabiamente elaborado y lo esencial andaluz.

Una tercera época, surrealista y de denuncia, se hace patente en *Poeta en Nueva York* (1935), para algunos su obra cumbre. Es un cancionero patéti-

G. Prieto: *Federico García Lorca.*

co*, profundamente humano y al mismo tiempo deshumanizado en su visión negativa de la sociedad norteamericana. En este período se dedica intensamente al teatro en su afán de renovar la escena a través de lo trágico. *Bodas de sangre* (1933), *Yerma* (1934) y *La casa de Bernarda Alba* (1936) son sus dramas más conseguidos.

Rafael Alberti (1901), gaditano, es el poeta más variado del presente grupo. Modernismo y popularismo aparecen en su libro inicial *Marinero en tierra* (1924). El gusto por la poesía tradicional y de cancionero se refleja en dos poemarios de temática esencialmente castellana, *La amante* y *El alba del alhelí*. Un barroquismo unido al humor y a la sátira se encuentra en *Cal y canto* (1929). En él, junto al homenaje a Góngora, se anuncia un nuevo

Rafael Alberti.

poeta más depurado y difícil, de transición al surrealismo. La obra cumbre de esta primera época es *Sobre los ángeles* (1929), donde se dan la mano un depurado romanticismo con la libertad formal de la vanguardia.

Durante los años treinta, Alberti se transforma a causa de sus ideas políticas en poeta colectivo y social. La lírica proletaria* aparece en *De un momento a otro* (1939) y ha vuelto a hacerse presente en estos últimos años.

De su etapa argentina e italiana quedan abundantes cancioneros que enlazan con la poesía de sus comienzos, popularismo, formas cultas, ahondamiento en la tradición clásica. Son numerosos sus libros poéticos; de entre ellos des-

patético: lleno de dolor y sentimiento.
proletaria: propia del pueblo, política y social.

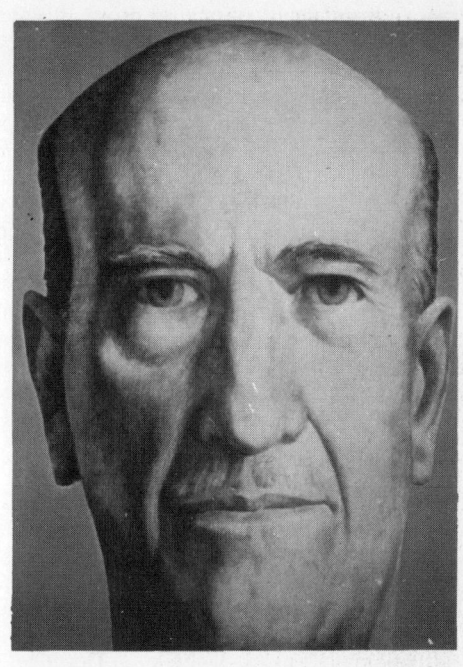

Ulbricht: *Cabeza de Vicente Aleixandre.*

tacaremos por su variedad *Retorno de lo vivo lejano, Ora Marítima* y *Baladas y Canciones del Paraná.*

Vicente Aleixandre (1900-1984), sevillano, es poeta de una rica retórica. Maestro de la metáfora, ha dedicado casi toda su creación a un tema único, el amor.

Durante veinte años, el hombre, protagonista, es un ser que lucha por vivir en comunión con la naturaleza, comprenderla y fundirse con ella. Ante esa imposibilidad, el poeta se nos refugia en unos paraísos donde en ocasiones fuimos felices (la infancia), de otros nos expulsaron (Paraíso Terrenal), un tercero vive en la naturaleza siempre verde y sensual de la selva virgen*, otro está dentro de nosotros mismos.

El hombre lucha por sentirse desterrado y desea gozar del universo que le rodea. En el centro, la amada, desdeñosa*, solícita*, en actitud de espera. *La destrucción y el amor* (1932-1933) y *Sombra del paraíso* (1939-1943) son los mejores y más felices momentos de su capacidad creadora.

Con *Historia del corazón* (1953) aparece una nueva visión. El hombre, en posesión de su felicidad, prosigue la lucha con esperanza y el amor es menos absorbente y sombrío. *Poemas de la consumación* parece ser el más logrado cancionero de este nuevo período.

En una prosa tersa y emocionada, ha inmortalizado para el futuro sus recuerdos del pasado, la amistad ante todo. *Los encuentros* (1958) permiten conocer la trayectoria humana y personal del poeta. Los líricos más jóvenes,

selva virgen: naturaleza no pisada por el hombre.
desdeñosa: que desprecia al amante.
solícita: que espera la llegada del amante.

renovadores de la poesía amorosa, buscan en el maestro de siempre la fuente viva de una poesía eterna.

Luis Cernuda (1902-1963), sevillano, es el poeta más joven de la generación. Discípulo de Pedro Salinas, se exilió al comienzo de la guerra y se estableció en México, donde continuó su labor de creador y crítico.

Se distingue del resto de sus compañeros porque desde el comienzo lucha por conseguir una poesía intimista, melancólica, en la línea de Bécquer. Admirador de los clásicos, llegó a conocer en profundidad la poesía romántica inglesa, la romántica alemana y la simbolista francesa. Fue un excelente traductor.

Toda su obra poética está contenida en un cancionero, *La realidad y el deseo*, que abarca la primera época, dominio de la poesía pura, y la última, más nostálgica y depurada. Vive para el recuerdo de su Sevilla natal en *Ocnos* (1942) o la melancolía del desterrado, motivo central de *Desolación de la quimera*. Su obra cumbre, *Donde habita el olvido* (1932), es una terrible confesión personal.

El grupo castellano

Lo forman Pedro Salinas, Jorge Guillén, Dámaso Alonso y Gerardo Diego.

Pedro Salinas (1892-1951), madrileño, catedrático en varias Universidades españolas y profesor en Francia e Inglaterra, se ha expresado a través de la poesía, la crítica, la narrativa y el teatro. Murió en Boston.

De la poesía dice el propio escritor: «estimo en la poesía, sobre todo, la autenticidad. Luego, la belleza. Después, el ingenio». Por eso su mundo, creado a través del verso, es la respuesta a la realidad circundante*. Es un escritor intelectual hasta el punto de que algún crítico ha hablado de poesía metafísica. Evidente exageración. Comprensión no significa una filosofía, sino un medio de acercamiento al yo y a la circunstancia.

Salinas, poeta luminoso y complejo, elige la temática amorosa. Hay toda una teoría sutil* del amor que se hace realidad en *La voz a ti debida* (1933) y *Razón de amor* (1936). En principio siguió a Juan Ramón para quedarse finalmente con un mundo soñado, libre y desnudo de retórica. Vagamente* conceptual.

En el exilio publicó *El contemplado* (1946) y todo su teatro. Ha dejado estudios magistrales sobre la poesía de Jorge Manrique y la de Juan Meléndez Valdés. La denuncia ante los horrores de la guerra y la autodestrucción del hombre se reflejan en la novela *La bomba increíble* (1950).

Jorge Guillén (1893-1984), vallisoletano, viajero por medio mundo, vivió su vejez en Málaga dedicado todavía a una constante labor de creación. Catedrático como el anterior, ejerció en Universidades de Francia, Inglaterra y Estados Unidos.

Es el maestro de la poesía pura. La realidad es un simple soporte* para cantar a una naturaleza gozosa poseída por el hombre. Sus poemas son perfectos en cuanto a la forma (sonetos, romances, décimas) y su léxico preciso, casi matemático, le da una dureza diamantina al poema.

circundante: que nos rodea.
sutil: delicada, casi oculta.
vagamente: imprecisamente, indeterminadamente, indefinidamente.
soporte: apoyo donde se asienta algo.

Durante treinta años trabajó en un único libro de poemas, *Cántico. Fe de vida* (1928-1950), cuyo título es gráfico* y explicativo. La vida vale la pena vivirla y gozarla. La naturaleza convida al amor y a su contemplación. El propio poeta lo ha expresado en un verso lapidario*, «El mundo está bien hecho».

La segunda época, llena de sentimiento, refleja la desesperanza y el dolor por el sufrimiento humano. La guerra, las ruinas, la destrucción del espíritu, el triunfo del mal, aparecen en el cancionero *Clamor* (1957-1963) con machacona* insistencia.

Dámaso Alonso (1898), madrileño, que fue director de la Real Academia Española de la Lengua, es, junto a un profundo poeta, uno de los críticos más penetrantes de nuestras letras. Domina la lengua y la literatura. Ninguna época o problema lingüístico de interés ha escapado a su capacidad de análisis.

Antes de la guerra publicó muy poco, en comparación con el resto de sus compañeros. El campo de la investigación lingüística, filológica o literaria le apasionaba, sobre todo la comprensión del barroco y la mística. *Poemas puros: poemillas de la ciudad* (1921) y *El viento y el verso* (1924) lo definen como seguidor de Juan Ramón y A. Machado. Predomina en ambos cancioneros el poema breve, íntimo, popular, pero al mismo tiempo muy elaborado*.

Durante veinte años guarda silencio. La posguerra, con sus miserias y odios contenidos, aparece retratada en *Hijos de la ira* (1944), punto de partida de toda la lírica contemporánea. Los dramáticos poemas del libro son un acercamiento y toma de conciencia de la realidad. Es poesía «desarraigada», libre de ataduras léxicas y formales, en la línea de Quevedo y Unamuno.

Ese mismo año publica un libro más humano y personal, tal vez escrito tiempos atrás, *Oscura noticia,* y en 1955, otro de testimonio personal, *Hombre y Dios,* donde alternan poemas clásicos con otros más acordes con las formas actuales.

veinte. Patrocinó revistas poéticas, cultivó la amistad de creacionistas y ultraístas*, apasionado de lo culto y lo popular, se aproxima por la gracia y luminosidad sensitiva de numerosos poemas a los creadores de la vertiente andaluza de su generación.

Modernismo y romanticismo aparecen en sus primeros cancioneros. Poesía musical y clásica, predominio del romance y los poemas aconsonantados a la manera de Rubén Darío. Cierto decadentismo esteticista crea un mundo mágico de amor adolescente. Tampoco está ausente el sensualismo. Paisajes coloristas. Páginas de una exquisita musicalidad. *El romancero de la novia* (1918) y *Nocturnos* pertenecen a esta modalidad.

Viene después la etapa vanguardista, representada por *Imagen* (1922) y *Manual de espumas* (1924). Brillantes metáforas, rico simbolismo y estrofismo variado.

Entre *Versos humanos* (1925) y *Versos divinos* (1941) hay una diversidad de cancioneros donde se encuentra lo más perenne de su poesía. Perfección

gráfico: representativo, lo que se entiende al leerlo una sola vez.
lapidario: retórico, perfecto, que lo dice todo.
machacona: repetida.
elaborado: muy trabajado.
ultraístas: movimiento vanguardista que publicó sus poemas en la revista «Ultra».

formal, armonía, clasicismo y popularismo se mezclan con rara compenetración*. Excelentes sonetos, bellísimos romances, poemas barrocos (décimas), villancicos, seguidillas, son muestra de habilidad y dominio de la técnica.

Alondra de verdad (1941), *Angeles de Compostela, La suerte o la muerte,* completan su extensa producción.

Un discípulo de los hombres del 27

Miguel Hernández (1910-1942) pertenece generacionalmente al conjunto de poetas que en el año 1936 se proponía conmemorar el centenario de la muerte de Garcilaso. Su aprendizaje junto a García Lorca y Alberti lo une a los hombres de esta generación.

Se dio a conocer en 1933 con un cancionero muy breve, demasiado barroco para los gustos de la época, *Perito en lunas* (aunque se evidenciaba una voz potente, cargada de brillante imaginería*). En 1936 se afianza como un gran poeta con el cancionero *El rayo que no cesa,* donde excelentes sonetos se unían a poemas de corte clásico como la *Elegía a Ramón Sijé.*

En plena guerra civil aparece *Viento del pueblo* (1937). El barroquismo y lo hermético* han cedido su puesto a lo popular y socializante. Durante su cautiverio en la cárcel de Alicante da fin al *Cancionero y romancero de ausencias* (1941), obra íntima, confesión apasionada de amor a su familia y de su angustiosa situación. Fue vigoroso dramaturgo en su imitación de formas calderonianas y temas lopescos*.

Literatura española de la posguerra

La guerra civil provoca el exilio de numerosos escritores y sus consecuencias fueron graves para la continuidad de la cultura. La Generación del 27 desaparece, los grandes narradores de los años treinta (Max Aub, Francisco Ayala, Ramón J. Sender) publicarán lo más importante de su creación en el extranjero, la tradición teatral se interrumpe.

También se rompe la unidad cultural con Europa, mantenida por el grupo del filósofo José Ortega y Gasset, así como por los proyectos de José Bergamín y Ernesto Giménez Caballero. El «Homenaje» a Garcilaso no se pudo celebrar.

Nuevas prohibiciones cayeron sobre la libertad necesaria para la creación artística. La literatura iba a ser dirigida desde el poder. Adquiere un tono imperialista, de falsa historia de España, proyectada en el teatro, novela y lírica.

Se establece una rígida* censura prohibiendo la difusión y venta de autores comprometidos. Prácticamente desaparecen del comercio los escritores de las generaciones anteriores (M. de Unamuno, P. Baroja, A. Machado, algunos del 27 y casi todos los de la generación de la República).

compenetración: armonía y entendimiento entre dos personas o ideas.
imaginería: lleno de imágenes, metáforas, figuras retóricas.
hermético: cerrado, oculto, difícil de entender.
lopescos: del poeta Lope de Vega.
rígida: escrito con rigor y frialdad, con dureza.

La censura* cae también sobre escritores extranjeros, que son sustituidos por otros más superficiales, creadores de una literatura de evasión*.

Hacia los años cincuenta cambia el panorama. Una mayor apertura permite la implantación de unas corrientes socializantes, se difunden las doctrinas existencialistas e inclusive se hacen incursiones por el camino de lo experimental.

La vida de la cultura se normaliza a partir de 1965. España se incorpora al espíritu renovador que anima a las dos o tres literaturas importantes de Occidente. Se vive el predominio de la novela y el teatro sale de esa concepción pueblerina que hasta entonces tenía.

La poesía

La generación de la República, conocida con el nombre de Generación de 1936, creada en torno a la figura de Garcilaso, cuyo cuarto centenario se conmemoraba en dicho año, quedó destrozada a causa de la guerra civil. El cancionero *Abril* (1935), de Luis Rosales, suponía una novedad y un punto de partida.

Algunos integrantes de dicha generación se agruparon después de la guerra para constituir un núcleo cuyo portavoz* fue la revista «Garcilaso». Adoptaron el nombre de Juventud Creadora. Fueron los maestros de la «poesía arraigada».

Casi todos, en mayor o en menor medida, coincidían en los siguientes puntos:

1) Poesía de formas clásicas y metros tradicionales.
2) Visión armónica y equilibrada del mundo.
3) Serenidad ante la tragedia de la guerra civil.
4) Temas trascendentes y religiosos (amor, naturaleza, sentimiento, Dios...).
5) Apoyo cultural al movimiento triunfante. Canto al Imperio y a la tradición.

Esta generación se dispersó poco después cuando la sociedad empezó a tomar conciencia plena de la realidad. Pertenecen a la poesía arraigada Luis Felipe Vivanco (*Cantos de primavera,* 1936; *Tiempo de dolor,* 1940), Leopoldo Panero (*La estancia vacía,* 1944; *Canto personal,* 1953), Dionisio Ridruejo (*Primer libro de amor,* 1939; *Sonetos a la piedra,* 1943). Casi todos evolucionaron hacia tendencias más comprometidas y humanas.

La publicación de *Hijos de la ira* (1944), de Dámaso Alonso, y *Los muertos* (1947), de José Luis Hidalgo, suponen la gestación* de una tendencia más acorde con la época. La conocemos con el nombre de «poesía desarraigada». Son sus características:

1) Comprensión de la humanidad doliente, sobre todo la española, destrozada a causa de la guerra.
2) Contacto con la corriente existencial.

censura: prohibición de publicar. Organismo oficial que autoriza la publicación de los libros.
evasión: que divierte y entretiene.
portavoz: el que representa a los demás.
gestación: nacimiento de una obra, origen.

3) Actitud religiosa basada en la desesperanza y angustia.
4) Aceptación del versolibrismo y de una lengua conceptual, profunda, libre de inútiles esteticismos.
5) Poesía de testimonio personal.

A partir de la década de los cincuenta, una mayor preocupación por lo social y colectivo hizo que los poetas ocultaran su «yo» o sus problemas para cantar a todos los hombres comprometidos en una determinada línea política y social.

Pertenecen a esta tendencia Carlos Bousoño (*Invasión de la realidad*, 1962), Vicente Gaos (*Angel de mi noche*, 1944), Rafael Morales (*Los desterrados*, 1947; *Canción del asfalto*, 1954), José Hierro (*Tierra sin nosotros*, 1947; *Quinta del 42*, 1953), José María Valverde (*Hombre de Dios*, 1945; *Versos del domingo*, 1954) y muchos más que harían esta nómina* interminable.

A pesar de las tendencias y corrientes es muy difícil encuadrar a los poetas, cada uno lleva un sello personal a su creación, no sólo en la forma, sino en cuanto al contenido. A unos les preocupa España; otros se inclinan por los seres sufrientes; a algunos le interesa la problematicidad religiosa. El panorama, a partir de 1955, se hace complejo y variadísimo.

Una tercera corriente es la representada por los cultivadores del «realismo social». La de aquellos que creen que la función del poeta debe ser redentora y ha de ponerse la poesía al servicio de determinados ideales «progresistas».

Casi todos los poetas de la década de los sesenta se inclinaron por esta tendencia, pero destacan por la valía de sus creaciones y la persistencia en la defensa de sus presupuestos dos poetas vascos, Blas de Otero y Gabriel Celaya.

El primero se dio a conocer con *Angel fieramente humano* (1950) y *Redoble de conciencia* (1951). Ambos poemarios no fueron superados por otras colecciones más comprometidas y desgarradas*. Las huellas de Miguel de Unamuno y del clásico F. de Quevedo se evidencian en toda su poesía.

Blas de Otero recurre a una retórica compleja basada en la ruptura sintáctica de los períodos. Su léxico es reducido a la mínima expresión. Busca y encuentra la palabra certera*. La sobriedad de su lenguaje poético lo acerca a A. Machado y Dámaso Alonso. Con posterioridad ha publicado *Pido la paz y la palabra* (1955), *En castellano* (1959) y *Que trata de España* (1964), cancioneros en los cuales se encuentra la auténtica poesía comprometida de raíz colectiva y social.

Gabriel Celaya se acerca más a lo cotidiano, gusta de lo intrascendente, de la realidad más próxima al hombre. Carece de la fuerza expresiva de su compañero; a veces se confunde la prosa con el verso, pero posee un vitalismo sorprendente. Su temática es variada y le preocupan todos los problemas relacionados con la condición humana, tanto individual como colectiva.

Cantos ibéricos (1955) y *El corazón en su sitio* (1959) figuran entre su extensa producción por la valentía y sentido comprensivo de la existencia humana.

A partir de los años sesenta es muy difícil establecer criterios fijos. Los poetas no se dejan encasillar y cada uno busca su peculiar manera de decir las cosas y a través de una forma propia. Unos poetas son experimentales,

---

nómina: lista de palabras o de nombres.
desgarrada: lo que se arranca desde la raíz, dolorosa.
certera: exacta, propia, adecuada.

otros se incluyen dentro de la «generación de los nuevos o novísimos». Sí, podemos afirmar que casi todos basan su lengua poética en la metáfora.

Los nombres más significados son los de Leopoldo de Luis, Rafael Montesinos, Claudio Rodríguez, Francisco Brines, Alfonso Canales, y entre los mujeres, Carmen Conde, Angela Figueras y Gloria Fuertes.

La poesía de Leopoldo de Luis se caracteriza por la importancia concedida a los temas sociales. En 1975 apareció una antología con el título de *Poesías (1946-1974)*, donde recoge su labor poética iniciada con *Alba del hijo* (1946) hasta *Con los cinco sentidos*. En 1979 le fue concedido el Premio Nacional de Literatura con *Igual que guantes grises*. El sevillano Rafael Montesinos cultiva la lírica popular en la mejor tradición de Bécquer y Juan Ramón Jiménez. Gran parte de su poesía está recogida en la antología *La verdad y otras dudas* (1967). Su obra más íntima es *El tiempo en nuestros brazos;* el recuerdo en prosa *Los años irreparables* constituye uno de los mejores logros* líricos del poeta. También es andaluz Alfonso Canales, escritor complejo* y culto, quien ha conseguido varios de los premios literarios más importantes, así *Aminabab* (1965) fue Premio Nacional de Literatura, *Requiem andaluz* (1972) fue Premio de la Crítica y *El puerto* (1979) Premio Ciudad de Melilla. Su poesía se caracteriza por la riqueza verbal*, las alusiones a culturas del pasado, como las griega, latina y bíblica, por su hondo sentido trascendente.

En un tono menor, otros poetas andaluces han contribuido al enriquecimiento de nuestra poesía. Prácticamente no hay provincia andaluza que no aporte un nombre significativo. Córdoba está representada por Luis Jiménez Martos y Mariano Roldán. Cádiz por los hermanos Murciano, Carlos y Antonio; Granada por Rafael Guillén. Todos ellos se caracterizan por un profundo dominio del lenguaje que da a su poesía un tono clásico o barroco, en la más rica tradición española.

Claudio Rodríguez insiste en la importancia de lo ético* como necesidad para la convivencia. Su lírica es de una gran belleza. Se reveló como poeta maduro en 1953 con *Don de la ebriedad,* cancionero que le valió el premio Adonais, y en una línea de constante superación ha publicado *Alianza y condena* (1965) y *El vuelo de la celebración* (1972). El poeta y crítico Carlos Bousoño define la poesía de C. Rodríguez como de «realismo metafórico», por la tendencia a trascender los temas cotidianos.

El valenciano Francisco Brines se dio a conocer con *Las brasas* (1960), poemario que le valió el premio Adonais. Su poesía pertenece a una tradición que arranca de la Generación del 27 e inclusive nos lleva hasta Azorín. Rehúye el compromiso social para hacer una obra de testimonio personal. Otros cancioneros son *Palabras a la oscuridad* (1966) e *Insistencia en Luzbel* (1977). La región levantina* proporciona otro buen poeta, Carlos Sahagún, premio Adonais con *Profecías del agua* (1958), premio Boscán en 1961 con *Como si hubiera muerto un niño*. En 1976 aparece una extensa antología bajo el título *Memorial de la noche*. Es un escritor preocupado por la forma y los problemas personales.

De entre las poetisas mencionadas, merece especial atención Carmen Conde, la primera mujer que ha conseguido ocupar un sillón en la Real Academia

---

logros: lo que está bien conseguido.
complejo: difícil.
verbal: propio de la palabra.
ético: moral.
levantino: natural de una región mediterránea española.

de la Lengua. En 1967 recogió una extensa muestra de su poesía en *Obra poética,* incluyendo en ella *Pasión del verbo* (1944), *Ansia de la gracia* (1945) y *Mujer sin Edén* (1947). Lírica llena de pasión y sinceridad.

Cientos de poetas viven y trabajan por toda la geografía española. Si la narrativa y el teatro se encuentran en un momento de transición, sin haber encontrado el camino, no puede decirse lo mismo de la poesía, abierta a todas las tendencias, con cierta inclinación hacia la contención clásica, dominio del lenguaje y multiplicidad temática. Son también nombres consagrados los de Angel González, José Angel Valente, Enrique Badosa, Manuel Mantero, Manuel Alcántara, Jaime Gil de Biedma, Gloria Fuertes y un largo etcétera* que harían esta lista interminable.

A partir de la década de los setenta, la crítica comienza a hablar de la existencia de una nueva generación conocida con el nombre de «novísimos», designando con dicho adjetivo a los poetas que se encuentran en la actualidad en plena madurez y se dieron a conocer en los primeros años de dicha década, en torno a 1975. Casi todos ellos muestran una sólida formación cultural, con clara tendencia hacia las humanidades. Ellos han restaurado en la poesía:

1) Un exquisito formalismo frente al versolibrismo de generaciones anteriores.
2) Cierta selección temática con mayor incidencia en lo lírico, rehuyendo lo colectivo y socializante.
3) Contenido clasicismo con preferencia hacia el estrofismo y verso de arte mayor.
4) Riqueza léxica que les lleva a un cierto alejamiento espiritual de una posible masa lectora.
5) Relectura de los grandes maestros de la posguerra, sobre todo de los neorrománticos y formalistas, como Rafael Morales.
6) Vuelta a los mitos de la antigüedad clásica.

Sería difícil destacar nombres de entre la enorme variedad que dicha tendencia ofrece, si bien citaremos, a título meramente indicativo, los de R. Ballesteros (*Numeralia,* 1987), Luis A. de Villena (*Hymnica,* 1979; *Huir del invierno,* 1981), Antonio Colinas (*Poesía, 1967-1980; Noche más allá de la noche,* 1983), Miguel d'Ors (*Ciego en Granada,* 1975) y Ana M.ª Navales (*Los espías de Sísifo,* 1981; *Nueva, vieja estancia,* 1983). Pertenecen a una generación más reciente, José Lupiáñez (*Amante de gacela,* 1980), Javier Egea (*Paseo de los Tristes,* 1982), José L. García Martín (*El enigma de eros,* 1982) y Luis García Montero (*El jardín extranjero,* 1983).

La narrativa

La primera generación de narradores está constituida por un grupo de figuras aisladas. No tienen conciencia de constituir un grupo homogéneo*. Comienzan a escribir en la década de los cuarenta y al paso de los años se han ido acomodando a los procedimientos narrativos nuevos.

Inicia el camino C. José Cela (1916) con *La familia de Pascual Duarte* (1942), novela tremendista*, trayectoria personal de un hombre analfabeto

---

etcétera: voz latina que indica que sigue la enumeración y ésta se interrumpe.
homogéneo: muy igual, muy parecido.
tremendista: horrorosa, en ella aparecen escenas violentas con presencia de la sangre.

desde su pueblo extremeño hasta la celda de una prisión. Escrita en primera persona, recuerda la novela picaresca. En pocos años se coloca a la cabeza de la narrativa española con *Pabellón de reposo* (1944), *Nuevas andanzas y desventuras de Lazarillo de Tormes* (1944), *La colmena* (1951), sobre el Madrid de la posguerra; *La Catira* (1956), en torno al ambiente de Los Llanos de Venezuela y, más de acuerdo con las técnicas experimentales, *San Camilo 36* (1969) y *Oficio de tinieblas 5* (1973).

Es autor de magníficos libros de viajes (*Viaje a la Alcarria,* 1948) y cuadros costumbristas sobre la España insólita*.

En 1945 se da a conocer Carmen Laforet, primer premio Nadal de novela, con *Nada,* triste historia de una muchacha en la Barcelona de la posguerra. El éxito fue inmediato, y aunque se haya superado en *La isla y los demonios* (1952) y *La mujer nueva* (1955), su nombre quedará ligado a su primera publicación.

Mayor intensidad creadora ha revelado Ana María Matute, especializada en novelas y cuentos de temática infantil. El mundo de los niños y adolescentes le apasionan. Se dio a conocer con *Los Abel* (1948), y a partir de esa fecha su producción es muy extensa, *Pequeño teatro* (1954), *Los niños tontos* (1956), *Los hijos muertos* (1957), *Primera memoria* (1960) y *La torre vigía* (1971) completan su visión poética de la vida.

El novelista más castellano es Miguel Delibes (1920), creador de un nuevo realismo basado en un conocimiento profundo de la lengua hablada, del alma española y de los problemas del hombre. Con *La sombra del ciprés es alargada* (1947) obtiene el premio Nadal, y una tras otras, sus narraciones plantean la condición humana desde los ángulos más distintos. *El camino* (1950) nos acerca al mundo campesino, retratado posteriormente en *Las ratas* (1962).

El dominio del monólogo* lo demuestra en *Cinco horas con Mario* (1966), sátira de la burguesía española de los años cincuenta; la técnica y el experimento aparecen en *Parábola del náufrago* (1969); la poesía y la delicadeza, en la visión infantil de *El príncipe destronado* (1973).

En continua superación, Gonzalo Torrente Ballester (1910) ha descrito magistralmente* su tierra gallega en la trilogía *Los gozos y las sombras* (1959-1962). Antes se había dado a conocer como autor dramático e investigador de la literatura. Camino del experimentalismo, ha dejado dos excelentes ejercicios narrativos, *Off-side* (1969) y *La saga-fuga de J. B.* (1972).

En torno a 1955 hace su aparición el realismo social; poco ambicioso al principio, se fue acercando al arte de la palabra y a la fabulación* a través de narradores como Ignacio Aldecoa (*El fulgor y la sangre,* 1954; *Con el viento solano,* 1956; *Gran Sol,* 1957), maestro en las descripciones de ambientes rurales y en la comprensión de las gentes trabajadoras y marginadas* (gitanos, pescadores...). Fue un excelente autor de cuentos.

La novela social y colectiva supone una toma de conciencia con la realidad más inmediata, adquiere frecuentemente matices de denuncia política contra el régimen. Su mayor defecto fue la escasa calidad de muchas narraciones. Gran parte de los novelistas formados dentro de esta tendencia la abandonaron hacia posiciones más cómodas y estéticas. Juan Goytisolo, Alfonso Grosso,

insólita: desconocida, rara.
monólogo: el que habla consigo mismo, lo hablado por una sola persona.
magistralmente: con gran perfección.
fabulación: capacidad de inventar historias y argumentos.
marginadas: que viven al margen o fuera de la sociedad.

Juan García Hortelano se dirigieron: hacia el experimento y visión negativa de España, el primero (*Señas de identidad,* 1966); hacia un barroquismo andaluz, el segundo (desde *La zanja,* 1961, hasta *Florido mayo,* 1973); a la novela antiburguesa, el tercero (*El gran momento de Mary Tribune,* 1972). Por esta misma época escriben Jesús Fernández Santos (*Los bravos,* 1954) y José Luis Castillo Puche (*Con la muerte al hombro,* 1954).

Otras tendencias más poéticas y trascendentes aparecen en los representantes del «realismo metafísico» y en los que derivan hacia el «realismo mágico»). Los nombres de Carlos Rojas (*Auto de fe,* 1968), Manuel García-Viñó (*La pérdida del centro,* 1964), Andrés Bosch, Antonio Prieto y Alvaro Cunqueiro, perteneciente también a la literatura en lengua gallega, suponen un aire fresco en medio del derrotismo* y visión negativa de los socializantes.

La renovación auténtica se produjo en 1962 con la aparición de una novela compleja, entre social, experimental y ética, *Tiempo de silencio,* de Luis Martín Santos. El Madrid de la posguerra girando en torno a los problemas de un joven investigador permite al autor trazar un panorama sombrío de la sociedad alienada* de los años cuarenta. Todos los recursos de la «nueva novela» aparecen en *Tiempo de silencio* perfectamente estructurados.

Otros contribuyeron a ponernos en contacto con la nueva novela francesa, el mundo alucinante* de W. Faulkner, los grandes de la narrativa contemporánea (Joyce, Huxley...). El más cercano y polémico al mismo tiempo es Juan Benet, novelista de difícil lectura, en *Volverás a Región* (1967), *Una meditación, La otra casa de Mazón,* donde la ambigüedad* de los personajes y del relato nos deja confusos.

Contribuye al mantenimiento de una narrativa variada la cantidad de premios literarios que se reparten anualmente por todo el país. No hay capital de provincia que no tenga el suyo, pero dos de ellos se llevan la palma, el más prestigioso es el Nadal, el más apetecible por su dotación económica es el Planeta. Los premios Cervantes se conceden a la obra de un autor consagrado, así como los Nacionales de Literatura.

Hacia 1970 nace una nueva generación de narradores conocida con el nombre de los «novísimos»; para algunos críticos es simplemente el «grupo de 1966», coincidente con la aparición de la nueva Ley de Prensa. Para otros, constituye la «generación de 1968», llamada así por la famosa Revolución del mayo francés de dicho año. Todos ellos comienzan a escribir cuando se produce la descomposición del régimen franquista y se vive en continuo estado de agitación* laboral y universitaria.

Unos eligen el camino del experimentalismo, como José Leyva, Germán Sánchez Espeso y José María Guelbenzu. El primero trata de reflejar la continua degradación* de la sociedad contemporánea por medio de recursos tomados al novelista checo-alemán F. Kafka. Así sucede en *Leitmotiv* (1972) y en sucesivas novelas como *La circuncisión del señor solo* (1972) y *La calle de los árboles dormidos* (1975). La desaparición de la fábula narrada en provecho del lenguaje es el medio empleado por el novelista para darnos a entender el continuo deterioro* del hombre.

derrotismo: aceptación de la derrota.
alienado: fuera de uno mismo, enajenado, extraño.
alucinante: fuera de lo común, extraño.
ambigüedad: falta de claridad y precisión.
agitación: violencia cometida por alguien o algunos contra el poder establecido.
degradación: pérdida de valores humanos.
deterioro: pérdida de valores físicos o morales.

El segundo, perteneciente a la tradición de narradores dedicados al cine, lleva a sus novelas los grandes problemas del hombre actual: la falta de comunicación, la dificultad de adaptación, la soledad. La Biblia, en concreto el Pentateuco, inspiraron sus primeras novelas. Se dio a conocer con *Experimento en Génesis* (1967), a la que siguieron *Síntomas de éxodo* (1969), *Laberinto levítico* (1972) y *De entre los números* (1978). Con su reflexión narrativa *Narciso* (1979) inicia un nuevo camino que le valió el premio Nadal. José M.ª Guelbenzu atacó en *El mercurio* (1968) a la sociedad conformista* de su generación y aunque ésta sea su novela más conocida, *La noche en casa* (1977) supone una superior visión de la sociedad a la que analiza en profundidad.

El humor corre a cargo de Manuel Vázquez Montalbán, novelista bien dotado y con pluma fácil; empezó con una novela corta, *Recordando a Dardé* (1969), pero debe su fama a un conjunto de narraciones iniciadas en 1972 con *Yo maté a Kennedy,* a la que siguieron *Tatuaje* (1975) y *Los mares del Sur* (1979). Pertenecen a esta generación Javier del Amo, Félix de Azúa y Raúl Ruiz, creadores de novelas entre la denuncia y el inconformismo.

Verdaderos renovadores del lenguaje son el canario* J. Armas Marcelo, Eduardo Mendoza y Ramón Ayerra. El primero destaca por el barroquismo de su prosa y el carácter regionalista de su temática. Armas Marcelo toma como motivo la vida de su comunidad canaria, a la que critica implacablemente. *El camaleón sobre la alfombra* (1974) y *Estado de coma* (1976) son buena prueba de su excelente manera de contar. El segundo es más tradicional; su fuerza radica en la fábula y en la capacidad para recrear cualquier tipo de ambientes. Dos de sus novelas constituyeron una auténtica revelación, *La verdad sobre el caso Savolta* (1975) y *El misterio de la cripta embrujada* (1979). Ramón Ayerra quiere ser más popular, comienza en la línea satírica de C. J. Cela, como ocurre con el conjunto de relatos puestos en boca del propio autor y titulados *Las amables veladas con Cecilia* (1978), aunque su línea más lograda la consigue en la década de los ochenta con *Crónica de un suceso lamentable* (1980), *La tibia luz de la mañana* (1980) y *Los terroristas* (1981).

El cuento y el relato corto viven una auténtica edad de oro. Los premios literarios para este tipo de género narrativo son muy numerosos y, por tanto, abundan sus cultivadores. A la mejor tradición cuentística pertenecen Jorge Campos, con *Cuentos en varios tiempos;* Francisco García Pavón, que ha popularizado el personaje Plinio en *Nuevas historias de Plinio* (1972); Medardo Fraile; el profesor Alonso Zamora Vicente, y en la práctica no hay novelista que no haga una incursión en este terreno. Son excelentes cuentistas Juan Benet, Lauro Olmo, Carmen Martín Gaite, Juan García Hortelano, Jesús Fernández Santos y Alfonso Grosso.

La narrativa última no ha encontrado los auténticos caminos de la renovación; se debate entre el mimetismo de una técnica superada y el abandono de toda problemática social. Quiere ser portavoz de las inquietudes de una época y da continuos saltos formales y temáticos. No en balde se ha vuelto a la novela popular y sentimentaloide, la cual alterna con otra de más empeño dispuesta a plantear los grandes problemas que afectan al hombre español de hoy.

conformista: que se acostumbra a todo.
canario: nacido en las Islas Canarias.

La novela insiste en temas históricos recientes o lejanos, tomando como modelo un personaje de gran relieve; se interesa por las crisis de conciencia que afectan a los ciudadanos individuales; ha encontrado una enorme cantera en la presentación de un fenómeno de nuestros días, el terrorismo; gusta de llevar la ficción al terreno de las crisis provocadas por los grandes especuladores de solares, de industrias decadentes o ficticias; se recrea en la descripción de personajes patológicos, como criminales y gentes de presidio. No hay conciencia de unidad, ni de escuela ni de generación.

Destacaríamos, de entre una extensa nómina, al veterano José L. Sampedro (*Octubre*, octubre 1981), José M.ª Merino (*Novela de Andrés Choz*, 1976), Manuel Villar (*Comandos vascos*, 1980), Fernando Savater (*Caronte aguarda*, 1981), Rosa Montero, defensora de las reivindicaciones femeninas (*Te trataré como a una reina*, 1983), Soledad Puértolas (*El bandido doblemente armado*, 1980). Y otros nombres como Carlos Pujol, Juan Ruiz Rico, Raúl Ruiz...

El teatro

La guerra civil trajo la desaparición de la tradición teatral. Las razones son muy variadas. La muerte y el exilio de las grandes figuras interrumpen las corrientes iniciadas en la década de los treinta. El teatro poético y comprometido de Alejandro Casona se refugiará en Argentina. Llegará a España en los años sesenta. Obras tan hermosas como *La sirena varada, Los árboles mueren de pie, La barca sin pescador* o *La dama del alba* se descubren en época tardía, cuando la escena seguía por otros caminos.

El teatro dramático, rural o poético de F. García Lorca, fruto de su madurez, permanece en el silencio más absoluto. Las creaciones de R. Alberti o las piezas más avanzadas de Valle-Inclán fueron desconocidas y sus reposiciones* quedan muy alejadas de nuestras preocupaciones actuales. Nada sabemos del teatro de Max Aub o de los intentos universitarios de Pedro Salinas.

Otros grandes maestros eran recuerdos del pasado. Pensamos en Jacinto Benavente y en el genial humorista Enrique Jardiel Poncela.

Para compensar* pérdidas tan irreparables aparecen dos tipos de comedia. La de ambiente burgués, bien estructurada formalmente, con predominio en ella de la tesis o resuelta en finales fáciles a gusto del consumidor*. Este teatro se propone divertir y a veces sacudir las conciencias dormidas. El escritor más comprometido fue Joaquín Calvo Sotelo con *La muralla* (1954). Otros dramaturgos buscan la brillante evocación histórica, como José María Pemán o el poético y fantástico Víctor Ruiz Iriarte.

La comedia de humor encuentra un autor bien dispuesto, el discípulo de Jardiel, Miguel Mihura, perfecto en *Tres sombreros de copa* (1952), menos afortunado en *Maribel y la extraña familia*.

A partir de 1950 aparece el teatro social. Su representante más exigente, el que mejor adaptó las fórmulas comprometidas, fue Alfonso Sastre. Sus dramas son duros, aunque con demasiadas concesiones a la galería*. *La mordaza* (1954), *Muerte en el barrio* (1958) y *La cornada* (1960) son perfectos ejemplos

---

reposiciones: obras de teatro que se representan años después de su estreno.
compensar: poner algo en lugar de lo que falta.
consumidor: el que hace gasto o consumo.
halagar: hablar bien, alabar.
galería: público sin cultura teatral.

Antonio Buero Vallejo.

de su arte dramático. También contribuye a este tipo de teatro el citado Alfonso Paso, y es excelente muestra *La camisa* (1962), de Lauro Olmo.

La figura fundamental de nuestro teatro de posguerra es la de Antonio Buero Vallejo. Su mundo dramático está en constante evolución y progreso. Nacido para la escena, cuando apareció el «realismo social» ha sido capaz de acomodarse a las nuevas exigencias. Puede hablarse de un teatro existencial. Siempre domina en él la condición humana y la comprensión del hombre, como individuo y ser social.

Una escenografía sobria y esencial, un lenguaje directo y sencillo, contribuyen a sus éxitos. Se dio a conocer con *Historia de una escalera* (1949), considerada por su temática una de nuestras mejores obras contemporáneas. Su obsesión por el mundo de los ciegos, su humanidad y problemas, aparece en dos de sus más logrados dramas, *En la ardiente oscuridad* (1950) y *El concierto de San Ovidio* (1962).

La historia le supone una fuente constante de inspiración temática, motivos e ideas, que se acomodan a la conciencia y modo de ser del hombre actual. *Las Meninas* (1960) es muestra perfecta de las relaciones entre el poder y el hombre, representados respectivamente por Felipe IV y Velázquez. Completan su extensa producción *Las cartas boca abajo* (1957), *El tragaluz* (1967) y la obra de denuncia *La Fundación* (1974).

La década de los sesenta supone una apertura hacia nuevas corrientes y formas. Se potencia el teatro universitario. Aparecen grupos independientes. Se descubren las grandes figuras del teatro europeo y americano. Se conceden mayores atribuciones* y se protege oficialmente el Teatro Nacional. Se habla de los grandes renovadores de la escena y se experimenta un poco por todas partes.

El teatro, al igual que la narrativa, sufre una excesiva influencia de las corrientes experimentales. El proceso se produce tan rápidamente que sus resultados no han sido demasiado fructíferos, quizá una mayor naturalidad, una vuelta a la esencialidad teatral, una remodelación* de la escenografía y un nuevo modo de hacer de los actores.

Los dramaturgos abundan, pero como no se trata de hacer un catálogo*, citaremos a aquellos que por un motivo u otro han triunfado y siguen cosechando éxitos entre el público medio. El más conocido es Antonio Gala, creador de un teatro poético y atento a los problemas de la España actual. *Anillos para una dama*, *¿Por qué corres, Ulises?* y *Petra Regalada* se encuentran entre sus obras más exitosas*. Es también un magnífico articulista. Jaime Salom ha sabido mantener la tensión del público con un teatro problemático en el cual domina la nota humana y dramática. *La casa de las chivas* (1968) y *Los delfines* (1969) pueden servirnos de ejemplo.

En París ha tenido éxitos clamorosos un español exiliado, Fernando Arrabal, creador del «teatro pánico», mezcla de humor, sátira y monstruosidad, con los cuales provoca la irritación* de los espectadores. *El triciclo* y *El cementerio de automóviles* son un buen muestrario de su actitud irrespetuosa y esperpéntica*.

La renovación verdadera se produjo a través de la Generación Simbolista y los creadores del Teatro Colectivo. Los primeros rompieron con la vanguardia realista, considerándose ellos los verdaderos vanguardistas por haber aprovechado intensamente las técnicas experimentales y las innovaciones del teatro del «absurdo». Al citado Arrabal habría que añadir los seguidores del «underground», quienes hicieron descansar la novedad de la representación en la figura del actor, secundariamente en la del director. Ambos participan en la creación de una nueva estética, imaginativa y plástica.

Los temas, sin dejar de ser nacionales, aspiran a su universalidad; así ocurre con el teatro de José Ruibal, el cual alcanza con *El hombre y la mosca* una obra definitiva. El carácter de parábola de estas y otras piezas teatrales permite al espectador numerosas interpretaciones. Dentro de esta misma línea encontramos a José M.ª Bellido en *Fútbol* y *Tren a F...*; también a Manuel Martínez Mediero, dramaturgo muy prolífico*, popularizador del teatro «underground» en la década de los setenta con *Mientras la gallina duerme*, *Las planchadoras* y *Las hermanas de Búfalo Bill*, hasta hoy su obra más conseguida. Un escritor muy variado, cuidadoso de la escenografía, auténticamente reno-

atribuciones: dar un poder que la persona que recibe no tiene.
remodelación: lo que se hace de nuevo.
catálogo: lista, nómina, relación de obras o nombres.
exitosas: con éxito, que triunfan.
irritación: violencia.
esperpéntica: el esperpento es la representación del hombre bajo el disfraz de un muñeco, como ocurre en el teatro de guiñol.
prolífico: que escribe muchas obras.

vador, es Jesús Campos, quien ha suministrado a la escena obras tan interesantes como *Blancanieves y los siete enanitos gigantes* y *Es mentira* (1980).

Dos individualidades dignas de mención son Miguel Romero Esteo y Francisco Nieva. El primero hace un teatro de índole literaria, de difícil representación, definido por algún crítico como del «realismo grotesco», así ocurre con *Paraphernalia de la olla podrida* y *Pasodoble*, ambas representadas en festivales o jornadas teatrales especializadas en la vanguardia. El segundo, profundo conocedor del teatro europeo, de su técnica, es excelente director y escenógrafo. Se dio a conocer en la década de los sesenta con *La carroza de plomo candente* y *El combate de Opalos y Tasia*. El mismo ha clasificado su teatro en obras de «farsa y calamidad» y «furiosas». Al primer tipo pertenece *La señora Tártara;* en relación con el segundo, *El rayo colgado y peste de loco amor* (1980). Es un teatro escrito para minorías, en un lenguaje riquísimo, a trechos* barroco y muy plástico.

A partir de 1960, y por influencia de los colectivos Open Theatre, Roy Hart Theatre y el Laboratorio de Wroklau, entre otros, se puso de moda el teatro colectivo; intento de crear partiendo de experiencias comunes un «collage» dramático en el cual estuvieran integrados, junto a la capacidad interpretativa personal, cualquier tipo de innovación escénica. Es un intento de crear teatro sobre la marcha de la propia representación. Este tipo de teatro se desarrolló en las Universidades, en la radio, hasta que finalmente aparecieron grupos independientes cada vez más profesionalizados.

En 1962 aparece el grupo Els joglars, unidos al clasicismo del francés Marceau, maestro del mimo*. El director Albert Boadella incorpora a sus espectáculos los procedimientos del Open Theatre, de Stanislawsky, los aciertos de Marceau e inclusive las máscaras. Concede poca importancia a la palabra y ha ido pasando desde obras de temática particular a representaciones de valor universal. Sus grandes aciertos fueron *El Joc,* obra triunfadora en el Primer Festival de Teatro de Madrid (1970), *Cruel Ubris, La Torna* (1977) y *Laetius* (1980).

El Grupo Tábano aparece en 1968 con la representación de *El juego de los dominantes,* sátira contra la cultura intelectualizada; utilizan la música, la farsa, la burla a la manera del sainete, los productos de la subcultura, el desenfado* de la revista, en un intento de llegar hasta un público amplio. Buena prueba de esto fue *Castañuela 70.* Otros grupos, como Los Goliardos, el Caterva de Gijón y los que esporádicamente* aparecen en los núcleos universitarios, contribuyen a difundir un amplio repertorio de experiencias, que, si en algo fallan, es en lo efímero de su vida.

No se produjo la esperada renovación del teatro con el cambio de régimen; la crisis anunciada al comienzo de los setenta se agudiza al final de esa década; los empresarios teatrales no se fían del producto nacional y se dedican o a repertorios extranjeros, más atractivos, o a las figuras antaño consagradas, tratadas con gran dignidad y poderosos medios (reposiciones de García Lorca, Valle-Inclán). Hasta los medios oficiales parecían propiciar una vuelta atrás en sus gustos y protecciones. Esta situación iba a ser denunciada por un colectivo de hombres dedicados al teatro; así, en 1979 aparece un manifiesto apa-

---

a trechos: de cuando en cuando.
mimo: género teatral cómico.
desenfado: hecho con soltura, con alegría, con libertad.
esporádicamente: ocasionalmente, que no tiene continuidad.

sionado firmado por Alberto Miralles, Ruibal, Romero Esteso y otros, donde se decía:

«Denunciamos que los montajes de Chejov, Ibsen, Strindberg, Schnitzler, Büchner, etc. (autores que siempre dignificarán cualquier programación teatral), están siendo empleados como coartada para ignorar el teatro español actual, ofreciendo dichos montajes como única alternativa a la crisis.»

Como todos los manifiestos, encierra una verdad a medias; hubo una crisis que todavía padecemos y un intento por salir de ella. Reaparecen revistas desaparecidas como *Primer Acto, Pipirijaina*, con su colección «La Farsa», y se confecciona un periódico con noticias teatrales, *El público*. Pero los que no aparecen, salvo excepciones, son dramaturgos. Citaremos a Fermín Cabral por sus intentos de resucitar la farsa en *Tú estás loco* y *Esta noche, gran velada*; a Alfonso Vallejo por las novedades que introduce en el teatro del absurdo *(El cero transparente, Acido sulfúrico, Cangrejos en la pared)*; a Ignacio Amestoy como continuador de las formas e ideas de Buero Vallejo *(Dionisio, Una pasión española)*; a Fernando Fernán Gómez con *Ordás y su infamia* (1983).

CUESTIONES

1. ¿Con qué movimiento se abre el siglo XX?
2. ¿Qué nombre reciben las dos generaciones de escritores más importantes del siglo actual?
3. ¿Qué es el novecentismo? ¿Cuál fue el filósofo de esta etapa?
4. ¿Dónde nace el Modernismo? ¿Quién fue su jefe indiscutible? ¿Podrías citar su obra más importante?
5. ¿Qué rasgos caracterizan el poemario *Prosas profanas*?
6. ¿Recuerdas quiénes fueron los precursores del modernismo?
7. ¿Quién fue el modernista español más importante? ¿Qué temas encontramos en su primer libro?
8. ¿Recuerdas el título de alguna obra de teatro de Manuel Machado? ¿Quién le ayudó en sus tareas dramáticas?
9. ¿Qué escritor se considera precursor de la Generación del 98?
10. ¿Qué rasgos caracterizan a esta Generación? ¿Qué actitud adoptan ante los problemas religiosos? ¿Y ante las ideas políticas?
11. Unamuno expresa su ideología en tres libros, ¿recuerdas sus nombres?
12. ¿En qué novela crea el concepto de intrahistoria?
13. ¿Qué problemas plantea Unamuno en *La tía Tula* y en *Niebla*?
14. ¿Recuerdas los cinco temas de su poesía?
15. ¿Cómo considera Baroja a la sociedad española?
16. ¿Cuál es la trilogía más importante de Baroja?
17. ¿A través de qué dos libros podemos conocer el pensamiento barojiano?
18. ¿Cuáles son los rasgos del estilo de Azorín?
19. ¿En qué tres libros ha quedado fijada la visión lírica de España?
20. ¿Qué símbolos utiliza A. Machado en su poesía?
21. ¿Cuál es la obra más representativa de Machado?
22. ¿Qué temas encontramos en *Nuevas Canciones*?

23. ¿Qué movimiento anuncia Valle-Inclán con su segunda época? ¿A qué época pertenecen las Sonatas?
24. ¿A quién critica en las farsas y esperpentos? ¿Cuál es su esperpento más conocido?
25. ¿Tiene alguna novela de tema americano? ¿Cuál es su nombre?
26. ¿Recuerdas las características esenciales de su prosa?
27. ¿Cuántas generaciones se dan en la época de transición? ¿Quién fue la figura fundamental de este período?
28. ¿Cuáles son las características de la poesía de la primera época de Juan Ramón? ¿Y de la segunda?
29. ¿Cuál es su obra más universal? ¿Y su mejor cancionero?
30. ¿Qué paisajes y tipos describe Gabriel Miró? ¿Recuerdas el título de alguna novela?
31. ¿Qué narra en las *Figuras de la Pasión del Señor*?
32. Cita tres novelas de R. Pérez de Ayala. ¿De quién fue discípulo? ¿Cuáles son las características de sus cuentos?
33. ¿Recuerdas alguna definición de la «greguería»?
34. ¿Quién fue su autor? ¿Qué géneros literarios cultiva?
35. ¿Por qué es importante el teatro de Benavente?
36. ¿Recuerdas algún otro dramaturgo de esta época?
37. ¿Recuerdas alguna característica del arte nuevo? ¿En qué obra del filósofo Ortega se encuentran dichas características?
38. ¿Qué escritores pertenecen al grupo andaluz de la Generación del 27? ¿Y al grupo castellano?
39. ¿Qué dos cancioneros representan el segundo momento de la creación lorquiana?
40. ¿A qué movimiento literario pertenece *Poeta en Nueva York*?
41. ¿Cuál es la obra cumbre de R. Alberti? ¿A qué movimiento pertenece? ¿Cuál es su libro barroco? ¿En qué otro se dan modernismo y popularismo?
42. ¿Cuáles son los paraísos de la poesía de Aleixandre?
43. ¿Cuál es el recurso clave de su poesía? ¿Y su tema dominante?
44. ¿Recuerdas cómo se llaman sus dos mejores cancioneros?
45. ¿En qué se diferencia Luis Cernuda de sus demás compañeros de generación?
46. ¿En qué libro se encuentra el recuerdo de su Sevilla natal?
47. ¿Qué estima Salinas en la poesía? ¿Qué temática elige?
48. ¿En qué se diferencian las dos épocas poéticas de Jorge Guillén?
49. ¿Por qué es fundamental la poesía de Dámaso Alonso? ¿A quiénes imitó? ¿Cuál es su cancionero más humano?
50. Características de la poesía de «El romancero de la novia», de Gerardo Diego.
51. Cita alguna de sus obras más formales (donde predominen las estrofas clásicas).
52. En Miguel Hernández hay dos épocas, la primera es ¿popular o barroca?, ¿y la segunda? ¿Podrías citar el título de alguna de sus obras?
53. Enumera a grandes rasgos los problemas que causa la guerra civil a la cultura literaria española.
54. ¿En torno a qué poeta de la Edad de Oro se forja la primera generación lírica de la República? ¿Quiénes formaban parte de dicha generación? ¿Cuáles son sus características esenciales?
55. ¿Qué dos libros iniciaron la poesía desarraigada? ¿Quiénes fueron sus autores?
56. ¿Cuáles son los rasgos más sobresalientes de la poesía desarraigada? Cita, al menos, dos poetas pertenecientes a dicha tendencia.

57. ¿Quiénes representan el cambio que se observa en la década de los cincuenta?
58. ¿Qué entiendes por realismo social? ¿Quién fue el poeta más comprometido de esta tendencia? Cita alguna de sus obras.
59. ¿Cuál es la característica esencial de la poesía de Leopoldo de Luis?
60. ¿A qué dos poetas imita Rafael Montesinos?
61. ¿Qué nombre da C. Bousoño a la poesía de Claudio Rodríguez?
62. ¿En qué antología recoge Francisco Brines su obra poética?
63. ¿A qué institución pertenece Carmen Conde?
64. ¿Quién inicia la novela después de la Guerra civil?
65. ¿Recuerdas el nombre de su primera novela? ¿Qué otro tipo de obras en prosa cultiva?
66. ¿Con qué novela obtiene C. Laforet el primer premio Nadal?
67. ¿Podrías citar a alguna otra mujer novelista? ¿Cuál es su temática preferida?
68. ¿Qué critica M. Delibes en *Cinco horas con Mario*?
69. ¿Qué movimiento narrativo aparece hacia 1955? ¿Podrías citar algún narrador perteneciente a dicho movimiento?
70. ¿Qué otros tipos de realismo narrativo existen?
71. ¿Cuál fue la novela más importante de la posguerra? ¿Por qué?
72. ¿Qué nombre recibe la generación de 1970?
73. ¿En qué obra bíblica se inspira G. Sánchez Espeso?
74. ¿Quién cultiva la novela de humor?
75. ¿Recuerdas los tres novelistas renovadores del lenguaje? ¿Quién de los tres es el narrador barroco? ¿Y el popular?
76. ¿Cuáles fueron las razones de la desaparición de la tradición teatral después de la guerra? ¿Quién representaba el teatro más popular? ¿Y el más poético?
77. ¿Qué dos tipos de comedias aparecen después de la guerra? ¿Quién representa la primera tendencia? ¿Podrías citar su obra más famosa?
78. ¿Qué teatro aparece hacia 1950? ¿Quién fue su mejor representante?
79. ¿Cuál es la obra fundamental de A. Buero Vallejo?
80. ¿Qué influencias recibe el teatro hacia 1960?
81. ¿Quién crea el teatro pánico?
82. ¿En qué tendencias se inspira la generación simbolista?
83. ¿Quién fue el maestro del realismo grotesco?
84. ¿Podrías citar alguna obra de Francisco Nieva?
85. ¿Qué grupo aparece a partir de 1962? ¿Quién fue su director?
86. ¿Qué otro grupo aparece en 1968? ¿Qué medios emplean en sus representaciones?

GLOSARIO

(Los números se refieren a las páginas)

abastecer, 42.
abasteció, 32.
ablandar, 19.
absolutista, 38.
abúlicos, 72.
aclimatación, 23.
agitación, 90.
agónica, 71.
agudeza, 38.
alarde, 58.
alegórica, 14.
alienado, 90.
al margen, 40.
altos vuelos, 59.
alucinante, 37, 90.
alusiones, 15.
ambigüedad, 90.
ameno, 47.
Anacreonte, 39.
anarquismo, 70.
anécdota, 35, 78.
animado, 26.
antítesis, 38.
aparatosa, 55.
aparejado, 21.
aquejaban, 61.
atenuar, 64.
a trechos, 95.
atribuciones, 94.
auge, 21.
austera, 74.
avariciosos, 19.
aventajado, 43.

barreras, 40.
bélicos, 61.
bohemia, 69.
burocracia, 55.

caligramismo, 78.
callejón, 68.

cámara, 76.
canario, 91.
cánones, 53.
capta, 23.
carrera, 58.
casino, 63.
castiza, 28.
catálogo, 94.
censura, 85.
certeza, 86.
circundante, 82.
citaremos, 39.
clave, 58.
clericalista, 72.
clérigos, 11.
coetáneos, 34.
coloquial, 28.
compenetración, 84.
compensar, 92.
competidora, 39.
complejo, 87.
complementario, 33.
concepción, 46.
concepto, 37.
conciliar, 71.
conformista, 91.
consumado, 14.
consumidor, 92.
contención, 39.
contradictorias, 35.
contraste, 35.
contundente, 41.
corrales, 30.
cortesano, 36.
cosmopolita, 67.
cristianos nuevos, 21.
cromatismo, 69.
cruda, 35.
cultismos, 24.
curandero, 47.

charlas, 77.

decorativa, 75.
degradación, 90.
delicia, 52.
denodadamente, 61.
densa, 33, 41.
derrotismo, 90.
desaliñado, 56.
desdeñosa, 81.
desenfado, 95.
desenfrenado, 36.
desentrañar, 33.
desgarrada, 86.
desolador, 27.
destello, 69.
deterioro, 90.
dialéctica, 71.
diversificada, 35.
divulgar, 48.

eco, 41.
efectista, 49.
efímero, 69.
eje, 72.
elaborado/s, 17, 83.
elegía, 15.
elogia, 30.
empeño, 63.
encarnada, 41.
encarnadura, 72.
enfocar, 23.
enterrador, 49.
enzarzadas, 61.
entrañablemente, 73.
equipo, 13.
escala, 19.
esperpénticas, 94.
espigar, 69.
espontáneo, 72.
esporádicamente, 95.
etcétera, 88.
ética, 59.
ético, 87.

99

Eucaristía, 45.
evasión, 85.
evocación, 51, 73.
exitosas, 94.
exótico, 12, 54.

fabulación, 89.
fábulas, 13.
feroz, 54.
ficción, 37.
fragmentos, 11.
fulminante, 26.
funcionario, 31.
fundirlo, 19.
furibundo, 64.

galante, 26.
galanteador, 63.
galera, 40.
galería, 92.
galicismo, 47.
gama, 62.
gestación, 85.
gráfico, 83.

halagar, 92.
herética, 30.
hermético, 84.
homogéneo, 88.
horaciano, 15.

idiosincrasia, 63.
imaginería, 84.
implacable, 63.
implantación, 21.
inestabilidad, 53.
insobornable, 63.
insólito, 89.
intimista, 58.
intuición, 29.
inusual/es, 23, 69.
irritación, 94.

jergal, 37.
juglar, 10.
jurídica, 14.

lapidario, 83.
levantina/o, 64, 87.
linderos, 45.

lista, 32.
logros, 87.
lopesco, 84.
luto, 55.

machacona, 83.
madrileño de adopción, 61.
magistralmente, 89.
marginadas, 89.
máscara, 51.
matices, 75.
mediocres, 59.
mediocridad, 61.
mendigo, 61.
mente, 23.
mercantil, 14.
mesura, 48.
mimo, 95.
mínimas, 10.
modélico, 59.
mojiganga, 46.
molde, 19.
monólogo, 89.
monótona, 54.
montaje, 44.
mordaz, 62, 76.
moriscos, 18.
movediza, 53.
mudéjar, 13.

naufragio, 32.
neologismo, 37, 69.
nómina, 86.
nostalgia, 24.
nostálgico, 73.

onírica, 78.
oponentes, 54.
oratoria sagrada, 48.
oratorio, 25.

patético, 80.
perenne, 43.
permeable, 53.
perspectivismo, 76.
petrarquismo, 14.
pillerías, 26.
plagada, 18.
plástica, 57.
plebeyo, 42.
polémicas, 37.
polifacético, 71.

polisemia, 38.
por antonomasia, 55.
portavoz, 85.
pórtico, 69.
precedentes, 44.
preceptor, 59.
preciosista, 69.
precoz, 55.
preludio, 75.
presidio, 40.
prestamista, 61.
prestigiosas, 62.
proceso, 25.
proletaria, 80.
prolífico, 94.
prosificar, 18.
proyecto, 21.
pujante, 53.

quiebra, 35.
quimeras, 18.

raterías, 26.
rebrote, 53.
recaudador, 31.
recoleto, 73.
redondilla, 41.
refinado, 59.
refranero, 74.
registros, 30.
remansa, 49.
remodelación, 94.
reposiciones, 92.
reseña, 63.
resignado, 16.
rígida, 84.
romances de ciego, 47.
rutinario, 49.

sefardita, 18.
selva, 23.
selva virgen, 81.
senderos, 51.
silva, 23, 41.
sinestesias, 69.
síntomas, 67.
sobriedad, 11.
solícita, 81.
sombrío, 55.
soporte, 82.
suicidio, 55.
sutil, 82.

taurino, 55.
tersa, 59.
tertulia, 64.
tesis, 53.
tímida, 49.
títulos, 49.
tópicos, 49.
trampa, 77.
traspiés, 19.

tremendista, 88.
tributo, 78.
trovadoresca, 14.
tumefactos, 77.

ultraístas, 83.
ultranza, 64.
utópicas, 64.

vagamente, 82.
verbal, 87.
vergonzante, 61.
verosímil, 52.
verosimilitud, 11.
versallescos, 69.
villano, 45.